韩兴娥课内海量阅读

成语笑话

6

编著 / 邹敦怜　林丽丽　韩兴娥

编委 / 李虹霞　寇丽君　卫鸿松

韩文清　李　媛　罗义蘋

赖庆雄

· 第 2 版 ·

江西人民出版社
Jiangxi People's Publishing House
全国百佳出版社

图书在版编目（CIP）数据
成语笑话 . 6 / 邹敦怜，林丽丽，韩兴娥编著 .
2 版 . -- 南昌：江西人民出版社，2024. 11. --（韩兴娥课内海量阅读丛书）. -- ISBN 978-7-210-15329-0
Ⅰ . G624.203
中国国家版本馆 CIP 数据核字第 2024RK1562 号

版权登记号：14-2016-0115
本中文简体字版图书由台湾萤火虫出版社授权江西人民出版社独家出版。

成语笑话 6（第 2 版） 邹敦怜 林丽丽 韩兴娥 编著
CHENGYU XIAOHUA 6（DI 2 BAN）

策划编辑：杨 帆
责任编辑：吴丽红 胡文娟
书籍设计：白 冰 游 珑
江西人民出版社 Jiangxi People's Publishing House 全国百佳出版社 出版发行
地 址：江西省南昌市三经路 47 号附 1 号（邮编：330006）
网 址：www.jxpph.com
电子信箱：jxpph@tom.com
编辑部电话：0791-86899133
发行部电话：0791-86898815
承 印 厂：江西千叶彩印有限公司
经 销：各地新华书店

开 本：787 毫米 ×1092 毫米 1/16
印 张：9
字 数：110 千字
版 次：2018 年 9 月第 1 版 2024 年 11 月第 2 版
印 次：2024 年 11 月第 1 次印刷
书 号：ISBN 978-7-210-15329-0
定 价：22.00 元
赣版权登字 -01-2024-588

目录

第二单元

自序

一

成语是汉语的精练呈现，是中华文化隽永的智慧，是古人的哲理巧思。每一则成语，都给阅读者提供了深刻的意境，以及难以言传的语感表现。透过一个个典故、传奇、故事，成语同时也展现了文字的精致之美。

在教学中，教师常喜欢引导学生恰当地使用成语。无论是作文还是说话，运用成语常有画龙点睛的效果。但是，要怎样让学生与成语的接触更有趣？我们想到了“笑话与成语”的组合。

在这本书中，基本每一篇都分成四个部分：

首先呈现给广大读者的是一个幽默诙趣的笑话。把常用的成语巧妙地融入笑话中，可以让学生从具体情境中，了解成语的意义及其用法。

“成语意思猜一猜”列出了前面笑话中所运用到的成语的释义。它以游戏的方式，让学生来猜出相应的成语，拓展成语的延伸意义，让读者知道成语更深刻的含义。

“成语运用猜一猜”设计了句子或短文，让读者小试身手，引导其运用本篇所学习的成语，促使他们更熟练地运用成语。

“成语万事通”延伸了本篇所列成语的课外知识，包括历史事件、典故由来、寓言故事、神话传说、作品名句，与成语有关的科学、人文、社会等知识，让学生在认识成语的同时，能更伸展学习的触角。

以笑话为载体，让所有学习者一窥成语世界的神奇奥妙，进而引发对学习语文的兴趣，这是一条事半功倍的捷径。希望有更多的人共襄盛举，把这样的理念、想法，运用在课堂上、亲子互动中，让更多美好的语言文字，装点我们的生活，丰富我们的世界。

邹敦怜　林丽丽

自序（二）

本书于2018年9月出版，6年来，重印过多次。每次重印，编者都会根据读者反馈对内容作出适时适当的修改、调整和补充，使之更趋完善。此次再版，我们也对编校方面的讹误作了订正，以期更适合广大读者朋友使用。

说起与本书的渊源，我还记得那是2013年的暑假，北京图书大厦书架上的一套《看笑话 学成语》进入我的视线。我随手翻开，一眼就断定——这就是我们要找的书！它是为“课内海量阅读”量身定做的书！真佩服邹敦怜、林丽丽这两位台湾教师，她们让孩子们在笑声中学习成语，这是多么巧妙的构思！没想到海峡对岸的同胞竟然与我如此心有灵犀！于是，我毫不犹豫地买下一套，并邀请几位好友改编和试教。

在改编过程中，我们发现一个笑话中只有四个成语，似乎太少了！于是，我们绞尽脑汁地添加成语、改编笑话，希望用最短的篇幅给予孩子最丰富的语言，又不失原文的无穷妙趣。

改编工作持续了两个暑假。伴着腰酸背痛，我们美滋滋地憧憬：这套“不用老师教，学生就能自学”的书呈现在孩子们面前时，他们边笑边读，边读边笑，阅读的快乐氛围弥漫整个教室。我们禁不住偷偷乐起来！

改编后的书稿首先进入了我们自己的课堂。果然，我们欣喜地看到，孩子们一会儿哈哈大笑，一会儿沉思静读，完全沉浸在书香墨韵之中。看到孩子们学习得兴致盎然，老师教得轻松愉悦，我们所有的辛苦皆化成甜蜜的幸福。

在教学过程中，我们发现这套书为孩子在阅读和写作之间搭建了一座桥梁，能够有效地激发他们使用语言的自觉意识和强烈欲望。通过学习这套书，孩子们能达到这样一种状态：学了成语，仿佛新获宝剑，时刻捕捉战机，一有机会，即用之而后快。有了这样的意识和欲望，才能形成自觉运用语言的习惯，才能学好语言。

于是，我们为每本《成语笑话》都做了课件，通过课件向学生展示学习方法。单个故事的学习过程是：

1. 听笑话故事；

2. 自己练习讲故事；

3. “开火车”口头填成语；

4. 看成语接力讲故事。

笑话故事的录音可以到喜马拉雅上免费收听，也可以由学生录音。老师可以按进度一个单元、一个单元地放给学生听，也可以把整本书的录音全部放给学生听；可以由老师或学生现场朗读，也可以由几个学生事先排练然后分角色朗读。听完故事后，师生可以讨论故事笑点在哪里，然后齐读成语。

学生在自己练习讲故事的这个环节，可以复述书上的笑话故事，也可以用笑话故事中的成语创编故事。“开火车”口头填成语可以进一步巩固成语。课件上每五个故事提供一课“口头填成语”，供老师和家长抽查。学生只要能读熟并复述故事，做这个练习轻而易举，就不用专门练习。

看成语接力讲故事可以提高学生复述和创编故事的能力。为了便于学生自学、老师教学，整本书每一个故事的成语都配有课件。在课堂上，有的学生讲故事不按书中的情节，但总有学生能给故事编出一个圆满的结尾。感觉故事讲不下去时，就是学生最期待的时候。

特别指出："开火车""接力"可以方便老师快速检查学生的掌握情况。要落实每一个学生的达标情况，老师要在课堂上将"开火车""接力"检查和个别检查结合起来。在"开火车""接力"的检查过程中，全体成员都通过了的合作小组可以获得"免试"资格。这样能有效地促进小组成员之间的互帮互学。

通过一节课、一组笑话故事的学习，学生就能了解自学的方法，摸索出老师检查的规律，从而进行自学和小组合作学习。从第二单元的笑话故事开始，老师就不必总打开电脑，只需利用课件检查学生对故事的学习情况。

学习几个单元的笑话或一本书后，就安排一次"阶段书面运用竞赛"，即合作小组四个成员看着答案中的成语，在限定的时间内用老师给出的成语写句子或段落，一共能运用多少个成语，小组就能得到相应的分数。于是学生竞相应用，合作小组成员主动交流如何学以致用，以求自己的小组得到高分。

以上是我喜欢的，我的学生也习惯的"课内海量阅读"学习方法，我们一个多星期可以学完一本《成语笑话》。没有"海读"基础的班级可以一个单元、一个单元地慢慢学，用两到三个星期学完一本。

学习的流程也可以这样安排：

1. 预习。老师提前给合作小组排出"讲课表"，小组成员在课前演练如何"讲课"。可以轮流上台复述故事，可以全组成员分角色朗读，或者表演读……老师鼓励学生提前用大纸写好或在黑板上板书笑话中的成语和生疏的字词，便于边讲边指这个词，带领全班同学诵读。这些资料可以保存起来，留待“阶段书面运用竞赛”时用。

2. 讲述。上课时，各小组派代表上台，采用不同的形式讲笑话。老师鼓励学生不仅要把这个笑话中出现的成语都用上，还要尽可能地增加成语。同时，要把“笑点”讲明白，还可以向台下学生提问，台下学生也可以质疑问难。

3. 自测。学生看书自测某单元笑话中的“成语意思猜一猜”“成语运用猜一猜”。

4. 强化。把某单元笑话中有一定难度的“成语意思猜一猜”打乱顺序投映到屏幕上，进行强化练习。不喜欢经常打开多媒体的老师可以每周利用一节课进行集中强化练习。

5. 运用。把当堂所学的成语排列在黑板或屏幕上，也可以看着书后面“参考答案”中的相关成语，让学生说几句或一段话，看看能用上其中多少个成语，并以小组为单位计分。

6. 阶段练习。每学几组笑话或一本书，可以组织一次“阶段书面运用竞赛”。不论学习的速度快或慢，“阶段书面运用竞赛”都能促进互帮互学，还能促进阅读能力向写作能力的转化。

课堂上要挤出时间给学生展示和分享。学生可以创作图画让大家猜成语，可以找一找本组成语的同义或反义成语，还可以运用学过的成语写日记或合作写循环日记……

走在“海读”路上的日子里，总是期盼着孩子们笑着，读着，表演着，创造着……

韩兴娥

2024年11月

上课流程

1

预习

2

讲述

3

自测

4

强化

5

运用

6

阶段练习

教无定法，希望师生共创有创意的学习流程

01

第一单元

第 1 篇

如愿以偿

暑假刚过，金风送爽，百货公司换季大甩卖。妈妈带着小真来买衣服。妈妈挑了很多件短袖 T 恤，要小真试穿。小真皱眉蹙（cù）眼地问：“天气凉爽宜人，还要买短袖吗？”妈妈说：“这是未雨绸缪（chóu móu），秋天、冬天转瞬即逝，接着就是春天，夏天也一下子就到了，先买好，到时候就有得穿了。”小真沉思默想，最后开心地说：“既然夏天一下子就会到，那我们也多买一些冰激凌，这样我就如愿以偿了。”

成语意思猜一猜

1.____________：古时以阴阳五行解释季节，秋为金。秋风带来了凉意。

2.____________：愿望得到实现。

3.____________：趁着天还没下雨，先修缮（shàn）好门窗。比喻事先做好准备工作。

4.____________：皱眉头、瞪眼睛，表示不满或不高兴的神情。

5.____________：默默地思考。

6.____________：形容很快就会失去或消失。

成语运用 猜一猜

1. 几场秋雨过后，暑气消退，迎来了____________的好天气。
2. 小明端坐在桌前____________，正在思考解题的方法。
3. 他____________考入重点中学，兴奋之情溢于言表。
4. 尽管台风还未登陆，但沿海居民____________，早已做好了防风防汛的准备。
5. 听着一片吵闹声，看着满地狼藉（jí）的教室，老师不由得____________。
6. 由于时光____________，无法挽回，所以说它是世间最宝贵的财富。

成语万事通

“未雨绸缪”的出处

“未雨绸缪”出自《诗经》，原句是：“迨（dài）天之未阴雨，彻彼桑土，绸缪牖（yǒu）户。今汝下民，或敢侮予？”这是诗歌的第二节。第一节写的是老鸟外出觅食归来时，看到它的巢被恶鸟洗劫一空，孩子们已不知去向。老鸟在悲愤之余，决定重建家园。所以它说：“我要趁着天还没有阴，没有下雨，赶紧啄取那桑皮桑根，把窗门关紧。现在你们树下的鸟类，还有谁敢将我欺凌！”该诗句经过简化，就变成了现在的成语“未雨绸缪”。

第 2 篇

西瓜也是如此

水果摊（tān）老板**唾沫**（tuò mo）**横飞**地说，他家的西瓜都是等**瓜熟蒂**（dì）**落**才摘下的，每个西瓜都是自然成熟的，味道香甜可口，保证吃了生津解渴。

小雨禁不住诱惑买了一个，没想到回家时遇到**飞来横祸**（hèng huò），在巷（xiàng）口摔了一跤，西瓜也摔得“脸蛋开花”。小雨看到西瓜瓤（ráng）是没成熟的粉红色，**满腔怒火**地跑去找老板。她**咬牙切齿**地说：“你**信口雌**（cí）**黄**，这西瓜根本没熟。”

老板**处之泰然**，说：“人出了车祸都会吓得脸色苍白，西瓜也是如此。”

成语意思 猜一猜

1.________________：面对困难或危急复杂的情况而安然自如，沉着镇定。

2.________________：心里充满着极大的愤怒。

3.________________：突然降临的意外灾祸。

4.______________：不顾事实，随口乱说或妄加评论。

5.______________：比喻条件或时机成熟，事情自然成功。

6.______________：咬紧牙齿。多形容非常痛恨或极端愤怒。

成语运用 猜一猜

1. 为什么你要______________，传这些没有根据的谣言？
2. 刘老太______________，破口大骂了十几分钟还没有消气。
3. 看着敌人凶残的行径，小战士早已气得______________。
4. 楼房掉落的花盆砸（zá）伤了路人，面对这样的______________，大家都不胜唏嘘（xī xū）。
5. 面对这场争吵，他______________，一点也不害怕。
6. 这种事不能着急，俗话说，______________，水到渠成。

成语万事通

“信口雌黄”之王衍（yǎn）

“信口雌黄”中的“雌黄”，是指一种黄颜色的矿石。古代人用黄纸书写，写错了字时，就用雌黄涂抹更改。这个成语说的是西晋大臣王衍（256—311）。他喜欢约人讨论玄理，但谈的内容往往前后矛盾。别人指出他的错误或质疑他时，他也满不在乎，甚至**不假思索**，随口更改。后来，人们就用**“信口雌黄”**比喻不顾事实，随口乱说或妄加评论。

第 3 篇

秘 方

两位女子初为人母，终于能偷得浮生半日闲，聚在一起聊天。小菁（jīng）说：“唉！我真是烦得要命，我儿子太喜欢吃手指了，任你**喉焦唇干**，他都**顽固不化**。我实在是**黔驴技穷**，只好狠下心来在他的手指上涂辣椒油。”美美**大惊失色**，连忙问：“真的假的？这招一定**药到病除**了吧？我敢说他再也不敢吮吸手指了！”小菁一下子像泄了气的皮球，**精疲力竭**地说：“唉，别提了！我儿子现在特别喜欢吃江西菜、四川菜、湖南菜和泰国菜，反正辣的菜他都爱！”

成语意思猜一猜

1.________________：喉咙和嘴唇都非常干。形容极力劝说。

2.________________：精神、力气都已耗尽。形容极度疲乏。

3.________________：大为震惊，脸色都变了。形容非常害怕。

4.________________：坚持自己的意见，不肯改变。形容人十分固执。

5.________________：服了药，病就痊愈了。比喻处置得当，问题迅速得以解决。

6.________________：仅有的一点本领也用完了。

成语运用 猜一猜

1. 药王孙思邈（miǎo）医术高明，医德高尚，病人前来就诊总能________。
2. 这些________的犯罪分子，真是死不悔改。
3. 她游玩了整整一天，最后________了。
4. 要不断学习，若仅靠现有的那点本事，日后会感到________的。
5. 听到那个不幸的消息时，老李________，掩面而泣。
6. 老师在讲台上讲得________，台下的学生却没有几个能听懂。

成语万事通

黔驴技穷

“**黔驴技穷**”的故事出自柳宗元的《黔之驴》。据说，黔地本来没有驴，有一个多事之人用船运来一头驴。运到后却没有什么用处，就把它放置在山脚下。老虎看到它是个庞然大物，以为是怪物，吓得躲进树林里。

有一天，驴叫了一声，老虎十分害怕，远远地逃走。后来，老虎来回观察，渐渐觉得它并不可怕，便故意走近戏弄它。驴非常生气，用蹄子踢老虎。慢慢地，老虎发现驴子只能用蹄子踢两下，并没有什么特殊本领。于是跳起来大吼了一声，咬断了驴的喉咙，吃光了它的肉，才离开。

第 4 篇

不视察

董事长在工地**朝**（zhāo）**督暮责**，想要好好勉励员工。董事长说：“各位如火如‘茶’地为公司打拼，特别是在烈日正当空的时候，真是令我**刻骨铭心**……”一旁的秘书小声纠正他：“**如火如荼**（tú）的‘荼’不是念‘茶’。”董事长没听清，又强调了一遍：“既然大家已经如火如‘茶’地工作，我就直接先看展示图……”听到董事长又说错一次，小秘书急得**大汗淋漓**：“董事长，不是茶！”没想到董事长还是没听清楚，他接着说：“大家都热得**汗如雨下**，那我这次就不视察了，请大家**一如既往**地努力工作吧！”

成语意思猜一猜

1.________________：从早到晚不停地督促检查。形容督促检查非常严格。

2.________________：出汗多得像下雨一样。形容因紧张、惊恐、劳累、炎热或疾患等而出汗很多。

3.________________：形容气势盛大或气氛、情感热烈。

4.________________：完全像过去一样。

5.________：刻在骨头和心里。形容感受极深而牢记于心，不能忘怀。

6.________：形容出汗很多的样子。

成语运用 猜一猜

1. 我对母校的感情________，丝毫未变。
2. 县长兴农桑，重文教，使各行各业发展得________，真是百业兴隆啊！
3. 他把毕生的科研成果都无偿传授给我，真令我________。
4. 登上山顶时，我们一个个都累得________。
5. 为了使生意扭亏为盈，工厂的老板对员工________，不允许他们出现半点失误。
6. 训练室里，科科________，整件运动衫都被汗水浸透了。

成语万事通

“荼”是什么？

“如火如荼”说的是古代有两支军队对阵，一支队伍穿着红衣服，军旗、盔（kuī）甲、各种武器也都是红色的，另一支队伍则清一色都是白色的。远远望去这两支队伍“如火如荼”。这里的“荼”，指的是茅（máo）草的白花。秋天到了，漫山遍野的茅草在同一时间开花，远远望去一片雪白。“荼”和“茶”虽然只差一笔，却是两种截然不同的植物。

第 5 篇

凌晨的赛事

有一天早上，老王在公交车站遇到楼下的老许。老王一见到老许，就**热情洋溢**地问："凌晨时，你有没有看那场**动人心魄**（pò）的决赛？"老许摇摇头说："你是指那场日本对韩国的比赛吗？我昨晚脑袋**昏昏沉沉**的，不到十点就躺床上了。"老王**眉飞色舞**、**意犹未尽**地说："真是太精彩了，你没看简直要**抱恨终身**，最后……"他的话还没说完，老许就**直截了当**地打断他说："你先别说，我来猜一猜。昨晚听到你痛骂三次，又欢呼四声，我想最后结果应该是韩国四比三获胜！"

成语意思猜一猜

1.____________：形容人神志不清的样子。

2.____________：指说话、办事干脆利落，不绕弯子。

3.____________：热烈的感情充分地流露出来。

4.____________：形容使人感动或震惊。

5.____________：意思还没有完全表达出来或兴致还没完全得到满足。

6.____________：一辈子心怀遗憾。

7.________：形容非常得意、兴奋的样子。

成语运用 猜一猜

1. 他说话向来都是________，从不绕弯子。
2. 他得了重感冒，终日头晕目眩，________，提不起精神。
3. 听完他的小提琴演奏，大家都觉得余音绕梁，________。
4. 你如果不想将来________，那么现在就得加倍努力。
5. 这场高难度的杂技表演________，异彩纷呈，使观众大饱眼福。
6. 他那________的演讲使大家心潮澎湃，掌声不断。
7. 小刘________地给大家讲述他如何帮助警察抓小偷的事。

成语万事通

眉飞色舞 VS 眉开眼笑

“**眉飞色舞**”和“**眉开眼笑**”都是形容人高兴的样子，但前者偏重于形容兴奋得意的神色，后者则偏重于形容满脸堆笑、十分高兴的神态，而没有得意的意思。“**眉飞色舞**”的反义词有“**愁眉苦脸**”“**愁眉不展**”等。

第6篇

努力读书

阿明看着报纸上的售屋广告，**满腹狐疑**地问爸爸：“爸爸，我们家**环堵萧然**，地方也小得可怜，是不是就是大家所说的**无立锥**（zhuī）**之地**的穷人家呀？”爸爸说：“我们家的房子已经不错了，只是现在房价太高，只有有钱人才能**一掷**（zhì）**千金**地买大房子。”阿明听了点点头，爸爸接着说：“所以你现在要**发愤图强**，将来才有钱买大房子，才能享受**锦衣玉食**的生活！”阿明皱着眉头说：“那你以前为什么不发愤读书？”

成语意思猜一猜

1.________________：下定决心，努力谋求强盛或进步。

2.________________：原指赌博时一注就押上千金。后形容大手大脚，挥霍（huò）无度。

3.________________：四周只有残破的墙壁。形容家境清贫。

4.________________：华美的衣服，珍贵的食物。形容优裕奢华的生活。

5.________________：形容极小的地方（多用于否定句）。

6.________________：形容疑虑很多，弄不明白。

成语运用 猜一猜

1. 他虽然现在穷困潦倒，几乎无________________，但以后发展如何，谁也不能妄下结论。
2. 这位大亨________________，一口气买了十颗大钻石。
3. 贾宝玉从小在充满金银珠宝、________________的环境里长大。
4. 他常常为筹措赌资变卖家业，使得家中________________，一贫如洗。
5. 看到祖国风雨飘摇，鲁迅先生________________，留学东洋。
6. 小林________________，什么都不明白。只好强装镇定，稳稳地坐下看李华到底演的什么戏。

成语万事通

"一掷千金"的故事

"一掷千金"说的是东汉名医董奉。有一个老员外家的少妇难产，性命危在旦夕。这时请董奉救命。他去后在厅堂沉思不语，神情凝重。老员外见状便说："您若能救得儿媳母子性命，老夫愿以千金相酬！"说着便指了指厅堂墙边的一筐钱币。董奉见得钱币，计上心来，端起钱筐，猛地往墙上一摔，钱串撞击石墙，铿锵之声不绝于耳。须臾，内堂传来一阵婴儿"呱呱"的啼哭之声。随后接生婆高声来报：母子平安。话音未落，周府上下一片欢腾，无不称赞董奉是"神医"。

第 7 篇

赖皮借钱

赖皮常常找人借钱，可他总是**言而无信**，借了不还。有一天，他遇到**同窗契**（qì）**友**阿芳，**开门见山**地说："我可以跟你借三千块钱吗？周转一下，月底就还！"小芳**义正词严**地说："不行不行，你已经**臭名昭彰**（zhāo zhāng）了，我知道你会欠钱不还，我才不借呢！"赖皮哭丧着脸说："难道你就眼睁睁地看我**走投无路**吗？"

小芳**嫣**（yān）**然一笑**，说："我不会眼睁睁地看着，我会闭上眼睛！"

成语意思猜一猜

1.______________：道理正当，措辞严厉。

2.______________：老同学、好朋友。

3.______________：形容女子笑容美好动人。

4.______________：说话不讲信用。

5.______________：比喻找不到解决问题的办法。形容处境非常艰难。

6.______________：坏名声人人都知道。

7.______________：比喻说话或写文章一开始就直接进入正题。

成语运用 猜一猜

1. 有个小姐姐穿着一件碎花连衣裙，我称赞她很美，她没说话，只冲我________。
2. 我们应该说到做到，不做________的人。
3. 林冲被逼得________，只好上了梁山。
4. 法律面前一律平等，即使是________的罪犯，也有为自己辩护的机会。
5. 爸爸和林叔叔是________，他们十分珍惜彼此之间的友谊。
6. 听了对方的无理要求，他________地拒绝了。
7. 我国外交部的这一项声明，________，充分表达了中国人民维护国家主权的强烈愿望。

成语万事通

“开门见山”之李白

“开门见山”语出宋·严羽《沧浪诗话·诗评》：“观太白诗者，要识真太白处。太白天才豪逸，语多卒然而成者。学者于每篇中，要识其安身立命处可也。太白发句，谓之‘开门见山’。”

引文大意是，阅读李白的诗歌，要认识真正的李白精神体现在什么地方。李白是天才诗人，为人豪爽、放逸，无拘无束。他的诗句，很多是突然迸发而出的。学习李白诗歌的人，要认识到哪些诗句寄托着李白的精神。李白诗歌开头的句子，往往直切主题，这就叫“开门见山”。

第 8 篇

老鼠打架

美秀在租房网上看到**寸土尺金**的繁华地段竟然有一套月租一千元的房子。租金竟然这么少，美秀**半信半疑**地拨通了房东的电话相约看房。美秀一踏进房门，**臭不可闻**的味道便**猝**（cù）**不及防**地扑面而来，墙壁**斑驳**（bān bó）**陆离**，美秀捂着鼻子，**局踏**（jí）**不安**地大嚷着：“那里竟然有两只老鼠在打架！天啊！这屋子还能住人吗？”房东**气定神闲**地说：“一个月一千元的房子，当然只能看老鼠打架了！难道你想看到斗牛？”

成语意思猜一猜

1.________________：事情突然发生，来不及防备。

2.________________：形容人悠闲镇定的样子。

3.________________：形容色彩杂乱不一。

4.________________：畏缩惶恐，心神不安。

5.________________：有些相信，又有些怀疑。

6.________________：臭得不能用鼻子闻。形容非常臭。

成语运用 猜一猜

1. 两位大力士决斗，一个狼狈不堪，气喘如牛，另一个则__________，稳操胜券。
2. 一辆载满沙子的大货车突然失控，大家__________。
3. 轮到我演讲时，我的心里__________。
4. 这座庙宇年久失修，神像已经__________，给修复工作增加了难度。
5. 为了逃命，他们穿过了__________的下水道。
6. 我们对肖战叔叔讲述的故事__________。

成语万事通

“半半”成语有哪些？

含有两个“半”字的成语，除了本篇所学的“**半信半疑**”外，还有很多。比如“**半推半就**”（表面上假意拒绝而实际上心里愿意）、“**半真半假**”（有些像真的，有些像假的）、“**半吞半吐**”（说一半，留一半。说话不直截了当，含糊其辞）、“**半丝半缕**”（半根丝，半根线。指数量极少、价值极低的东西）。

成语笑话创作台

02

第二单元

第 9 篇

你想跳舞吗？

舞池里**轻歌曼**（màn）**舞**，小李却**无所事事**地坐在椅子上。她觉得**寸阴若岁**，不断地**倾耳拭目**，希望有人邀请她共舞一曲。

正愁没有舞伴可以共舞时，突然看见一位**貌似潘安**的帅哥向她走过来，小李**心慌意乱**，不敢直视。帅哥很有绅士风度地问："你想跳舞吗？"小李马上从椅子上站起来，努力保持**落落大方**的态度，轻声说："想！"帅哥说："那太好了，我跳得脚好酸，你的椅子正好给我坐！谢谢！"

成语意思猜一猜

1.________________：轻柔的歌声，曼妙的舞蹈。

2.________________：内心惊慌，思绪纷乱。

3.________________：举止潇洒自如，不拘谨，不做作。

4.________________：没有什么事可做。指闲着什么事也不干。

5.________________：一刹那像过一年。形容非常殷切地期待。

6.________________：认真听，仔细看。表示急切想看到所期待的事物。

成语运用 猜一猜

1. 高考成绩即将公布，人人________________，焦急地等待着。
2. 爸爸出差了，妈妈感觉________________，孤独的她在漫漫长夜辗转难眠。
3. 演出大厅里高朋满座，大家都沉醉在________________中。
4. 虽然这是他第一次主持节目，但是他________________的表现得到观众的一致称赞。
5. 第一次站在讲台上，她有点________________，局促不安。
6. 你与其整天在这________________，倒不如去图书馆找本书来看看。

成语万事通

美男子潘安

潘安是中国古代有名的美男子，西晋人，是个才华横溢（yì）的文学家，写过不少流传至今的好文章。但大多数人只记住了他的美貌。潘安到底有多美呢？虽然古代没有照相技术，没有留下潘安的样子，不过从许多古书中，却可以揣摩（chuǎi mó）他的样貌。据说当时的他，手中常握着弹弓，走在洛阳街上。女士们看了，会蜂拥而至，喊他的名字。有人看到潘安搭乘的马车经过，会目不转睛地盯着，并且把许多新鲜又好吃的水果送给他。送水果的人实在太多了，将车都塞满了。于是就有了“**掷果盈车**”这个成语。

第10篇

抽　奖

阿德和阿俊两人爱斗嘴，一有机会就**唇枪舌剑**一番。

公司抽奖时，两人**出师不利**，没有抽到**朝思暮想**的特等奖。阿德**自我解嘲**地说："你看，我抽到了一个电饭锅，预示着我这一年吃喝不愁！"阿俊斜眼一笑，没好气地说："什么嘛！这是要你回家吃老本哪！"阿德**不甘示弱**地反问："那你抽到什么？"阿俊说："一台电风扇，多么实用啊！"阿德笑着回应："你不觉得很容易让人觉得**别有用心**吗？这分明是叫你闪一边凉快去！"

成语意思猜一猜

1.______________：另有某种不可告人的企图。

2.______________：形容思念之情殷切。

3.______________：论辩激烈，言辞非常尖锐犀利。

4.______________：用言语或行动为自己掩盖或辩解被人嘲笑的事。

5.______________：做某事一开始就不顺利。

6.______________：不甘心表现得不如别人。

成语运用 猜一猜

1. 赵国在长平之战中＿＿＿＿＿＿＿＿，被秦国活埋了三十万将士，从此元气大伤，一蹶不振。
2. 经过一番＿＿＿＿＿＿＿＿，本次辩论赛终于决出冠亚军。
3. 阿姨定居国外多年，但对故乡＿＿＿＿＿＿＿＿，念念不忘。
4. 小明考试成绩倒数第一，面对家人的批评，他＿＿＿＿＿＿＿＿地说："这叫'触底'，很快就会反弹的。"
5. 秦国丞相赵高为人阴险，＿＿＿＿＿＿＿＿，常用指鹿为马的奸计剪（jiǎn）除异己，遍植党羽。
6. 尽管家境贫寒，但他在学习上＿＿＿＿＿＿＿＿。

成语万事通

自我解嘲的纪晓岚

乾隆提出与纪晓岚对句。他首先吟出上联：玉帝行兵，风刀雨箭，云旗雷鼓天作阵。吟罢，得意扬扬。纪晓岚沉思了一会儿，吟道：龙王设宴，日灯月烛，山肴海酒地为盘。乾隆听后，得意的神色不见了。纪晓岚一看，立即明白了皇上好胜，自己实不应和他平对。他赶紧解释道："主上贵为天子，故风雷雨电任从驱策，傲视天下。微臣乃酒囊饭袋，故视日月山海都在筵席之中，不过肚大贪吃而已。"乾隆听后，得意之色再露，笑道："爱卿饭量虽好，如非**学富五车**，实不能有如此大肚。"

第 11 篇

不写作业的理由

阿良连续一个星期都没写家庭作业，老师气得打电话告诉阿良的妈妈。

阿良妈妈一听，觉得此事**非同寻常**，把阿良找来，**劈**（pī）**头盖脸**地骂了一顿，问他为什么不写作业。阿良露出**忧国忧民**的神情，一字一顿地说："你知道吗？地球环境已到了**危急存亡**的时刻了。""那又怎样？""许多大树被砍伐做成纸张，再变成作业本，我怎么忍心再继续毁损它们呢？保护环境**刻不容缓**，为了抵制这种**竭泽而渔**的行为，我才决定不写作业。"

成语意思猜一猜

1.________________：比喻只顾眼前利益，不作长远打算。

2.________________：形容人或事物很突出，不同于一般。

3.________________：生死存亡的紧要关头。

4.________________：某种动作正冲着头和脸。形容来势迅疾凶猛。

5.________________：忧虑国家大事和人民疾苦。

6.________________：片刻也不能拖延。形容情势紧迫。

成语运用 猜一猜

1. 汛期已到，防洪的准备工作已经________。
2. 员工又犯错了，总经理________地训斥了他一番。
3. 刘教授时常在报纸上发表文章，表达________的情怀，号召大家为国家发展贡献力量。
4. 这家公司到了________的时刻，能否扭亏为盈，就看这几个月的经营状况了。
5. 人命关天的事情，自然是________的，怎么能大意呢？
6. 我的家乡山清水秀，物产丰富，贪婪的人们却只求眼前利益而________，早晚会使环境恶化的。

成语万事通

竭泽而渔

春秋时期，晋文公率军在城濮（pú）与楚国进行了一场战争，晋军处于劣势。晋文公问身边的大臣子犯，子犯说应该采用欺诈的方法迷惑楚军，然后伺机击败他们。但大臣雍季却反对说："假如有个人想要捉鱼，就把池塘里的水都弄干了。这样，他虽然捉到了池塘里所有的鱼，可等到明年，池塘就无鱼可捉了。"后来，晋文公还是采用了子犯的计策，果然打败了楚军。但在对各个大臣论功行赏的时候，雍季的封赏却在子犯之上。有人觉得弄错了。晋文公说："子犯的计策能让我们取得一时的优势，但雍季的建议，却能让我们受益几百年哪！"

第 12 篇

电的好处

高原村地处**穷乡僻壤**，居民都过着没有电的生活，政府**排除万难**，村里终于接上电线。有一天，县长**翻山越岭**来到村内视察，想看看供（gōng）电为村里带来哪些好处。县长看见一个老太太**踉**(liàng)**踉跄**(qiàng)**跄**地经过，便笑着问她："老太太，供电之后，生活是不是方便多了？"老太太满脸笑容，**点头称善**："方便多啦！现在晚上我要点煤油灯，都不需要摸黑了呢！您真是**恩同父母**哇！"

成语意思 猜一猜

1.________________：翻高山，越峻岭。形容长途跋涉。

2.________________：走路歪歪斜斜的样子。

3.________________：恩情深厚，如同生养自己的父母。

4.________________：点头表示赞成，并加以称许。

5.________________：荒远偏僻的地方。

6.________________：扫除重重障碍，克服各种困难。

成语运用 猜一猜

1. 他说得头头是道，众人听了无不＿＿＿＿＿＿，立刻照办。

2. 他喝了很多酒，走路＿＿＿＿＿＿的。

3. 他下定决心，准备＿＿＿＿＿＿，去争取革命的胜利。

4. 面对穷凶极恶的歹徒，老师甘愿替下被劫持的孩子，真是＿＿＿＿＿＿啊！

5. 探险队员＿＿＿＿＿＿，遍寻沟壑（hè），就是为了寻找传说中的水晶泉水。

6. 这家餐馆虽然地处＿＿＿＿＿＿，但因为菜肴丰盛，风格独特，很多人都慕名而来。

成语万事通

古人如何照明

魏晋南北朝之前，人们都普遍采用动物油脂、蜜蜡或虫蜡为燃料来照明，但这些材料都非常贵，普通人家根本点不起。此外，动物油脂燃烧会产生难闻的气味。后来，人们渐渐掌握了榨取植物油的技术。油菜是中国最大宗的油料作物，所以在点灯照明所用的植物油中，菜油最为普遍。到了明清时期，人们学会了用植物油制造蜡烛，尤其到了清代，制蜡工艺进一步改进，蜡烛逐渐普及中下层社会。而清朝宫廷所用蜡烛，除根据场合和用途不同有大小之分外，还装饰了盘龙和云龙等彩色花纹，这样的蜡烛已成为一种工艺品。

第 13 篇

真牛比不上假牛

有位画家**意在笔前**，作画**一挥而就**，每天四处写生。有一天，他来到农场，看到一头**膘**（biāo）**肥体壮**、双眼**炯**（jiǒng）**炯有神**的牛。画家**心虔**（qián，恭敬）**志诚**地询问农场主人：“您愿意让我画这头牛吗？”牛的主人**慨**（kǎi）**然允诺**（nuò），画家就将这头牛画成一幅油画。后来，这幅画在华盛顿艺术画廊里卖了三千美元。

一年后，画家又碰上了农场主人，他说那幅画卖了高价。农场主人惊奇万分，生气地说：“哪有这个道理，我养了两头真牛，也卖不到你那一头假牛的钱！”

成语意思 猜一猜

1. ________________：形容牲畜肥壮结实。
2. ________________：形容目光明亮而有神采。
3. ________________：心意恭敬、诚恳。
4. ________________：毫不犹豫地答应下来。
5. ________________：在动笔之前，先构思成熟。
6. ________________：一动笔就完成了。形容才思敏捷。

成语运用 猜一猜

1. 我们只有________地对待别人，才能找到知己。
2. 妈妈听说有人面临三餐难继的窘（jiǒng）境需要辅扶助，立刻________，表示要出钱接济对方。
3. 牧场的奶牛吃了含有乳汁的酥油草，________，毛色格外亮。
4. 只要谈到跆拳道，哥哥的双眼就立刻变得________，整个人充满自信。
5. 南宋主考官正应麟（lín）发现文天祥写文章不但________，而且鞭辟（biān pì）入里。
6. 郑板桥画竹枝时________，寥（liáo）寥几笔就能勾勒（lè）出竹子的神韵。

成语万事通

会发光的眼睛

眼睛是心灵的窗户，有神的双目是一个人精力充沛的表现。形容人的眼睛发亮，很有精神的成语除了“**炯炯有神**”外，还有“**目光炯炯**”“**目光如炬**”“**炯炯发光**”等。

第 14 篇

初次约会

阿达已经过了**而立之年**，却没交过女朋友。情人节前夕，好朋友为他安排了一场约会。

吃饭时，阿达表现得**温柔敦**（dūn）**厚**，给女生留下不错的印象。两人吃完饭，阿达陪女孩逛街。经过花店时，女孩弯腰俯（fǔ）身，用鼻子凑近一束玫瑰花，闻了好一会儿，并对阿达**回眸**（móu）**一笑**，**莺声燕语**地说："这花真是**芬芳馥**（fù）**郁**，娇艳欲滴呀！"阿达**呆头呆脑**的，没想到要送花给女孩，居然说："既然你喜欢，就使劲闻吧！我会等你。"

成语意思 猜一猜

1.________：形容年轻女子说话娇滴滴的声音。

2.________：形容人头脑迟钝或不机灵、不活泼的样子。

3.________：温和柔顺，诚恳宽厚。

4.________：转动眼珠，嫣然一笑。形容女子妩媚的表情。

5.________：人到三十岁可以自立的年龄。后为三十岁的代称。

6.________：形容香气非常浓。

成语运用 猜一猜

1. 微风送来了一缕________的花香。
2. 叔叔刚过________就拥有一家大公司，真不简单！
3. 个性腼腆（miǎn tiǎn）、不善言辞的他难免给人________的印象。
4. 这女孩说话________，举止从容，让人看了就喜欢。
5. 美丽的明星对观众________，立刻引起一阵骚（sāo）动。
6. 他是个________的人，对谁都是态度和蔼，脾气温和。

成语万事通

古代年龄称谓

婴儿：人初生。襁褓：泛指一岁以下。孩提：两至三岁。髫（tiáo）年：女孩七岁。龆（tiáo）年：男孩八岁。总角：幼年泛称。黄口：十岁以下。幼学：十岁。金钗之年：女孩十二岁。豆蔻年华：女子十三四岁。舞勺之年：男子十三岁至十五岁。舞象之年：男子十五岁至二十岁。及笄（jī）：女子十五岁。碧玉年华、破瓜之年：女子十六岁。弱冠：男子二十岁。桃李年华：女子二十岁。花信年华：女子二十四岁。女子出嫁称梅之年。而立：三十岁。不惑：四十岁。天命：五十岁。耳顺、花甲之年：六十岁。古稀：七十岁。杖朝之年：八十岁。鲐（tái）背之年：八十至九十岁合称。耄耋（mào dié）：八九十岁。期颐（yí）：百岁之人。

第 15 篇
通知单

阿原**目不斜视**地盯着一张单子，觉得**食不甘味**，爸爸有点生气地问道：“你在看什么？”阿原闷不吭（kēng）声，爸爸顺手拿起单子，没看两眼便**咆哮**（páo xiào）**如雷**：“上课期间玩竹筷手枪、把蜗牛放进同学铅笔盒……请贵家长明日到学校面谈。”“你……你……你好大的胆子！在学校天天这么**不务正业**吗？”阿原露出**不可捉摸**的笑意，说：“可是……爸爸，这张通知单是我从你书房的箱子中找到的，上面写的是你的名字呀！”爸爸一时**汗颜无地**。

成语意思猜一猜

1.____________：形容人暴怒喊叫的神态。

2.____________：指对人或事物无法猜测和估量。

3.____________：形容极其羞愧，无地自容。

4.____________：眼睛不向旁边看。形容态度严肃，守规矩，不左右乱看。

5.____________：吃东西时感觉不到味道美好。形容心事重重，忧虑不安。

6.____________：不从事正当的职业。也指不搞好本职工作而去干其他的事。

成语运用 猜一猜

1. 小明在合唱中错误不断，他感到____________。
2. 是什么原因让脾气一向温和的阿姨对着家人____________？
3. 小磊上课专心致志，眼光总是落在讲课的老师身上，整节课都能做到____________。
4. 山顶的天气____________，你还是带把雨伞吧！
5. 那几个富家子弟____________，整日花天酒地。
6. 妻子病故后，他____________，终日以泪洗面。

成语万事通

什么是“汗颜”？

“汗颜”是说某人因羞愧而汗发于颜面，泛指惭愧。和“**汗颜无地**”相近的成语有“**无地自容**”（指无处藏身，形容慌乱、羞愧至极，处境窘迫）、“**羞愧难当**”（感到十分羞愧内疚）、“**赧（nǎn）颜汗下**”（脸发红，额头流汗。形容羞愧到了极点）。

第16篇

锦囊（jǐn náng）妙计

原本**出类拔萃**的琪琪，这次月考**榜上无名**。老师就找她过来问话，想了解她遇到了什么困难。老师问：“琪琪，看到这次月考的成绩，你会感到失落吗？”琪琪说：“刚开始我**痛不欲生**，现在已经能够坦（tǎn）然接受了，倒是爸爸一直**耿耿于怀**。”老师说：“既然这样，那有没有什么办法可以让你爸爸不再难过呢？”琪琪说：“我倒是有个**釜（fǔ）底抽薪**的**锦囊妙计**，就是请学校以后不要再组织考试了！”

成语意思 猜一猜

1.________________：比喻从根本上解决问题。

2.________________：解决问题的好计策、好办法。

3.________________：悲痛得不想再活下去了。形容悲痛到了极点。

4.________________：高出同类之上。

5.________________：指考试未被录取。

6.________________：心存某事（多为令人牵挂的或不愉快的），难以排解。

成语运用 猜一猜

1. 郑师傅的儿子遭了车祸，他老泪纵横，________。
2. 临渊羡鱼，不如退而结网；扬汤止沸，不如________。
3. 他好像有用不完的________似的，不管什么情况都能从容应付。
4. 他的学习成绩在班里是________的。
5. 朋友那句绝情的话，多年来我还一直________。
6. 他本以为状元探手可得，没想到时运不济，结果竟然________。

成语万事通

古代的考试

中国从隋（suí）朝开始，就有复杂的考试制度。古代考试的内容，通常男子从儒家经典著作出题，例如《论语》《孟子》《大学》《中庸（yōng）》等。学童会先进行童试，其中包括县试、府试、院试三个阶段，通过前都叫作童生。县试和府试每年都会举行，院试则每一年半举行一次，由皇帝任命的官员到各地主考，院试通过的叫作秀才。院试通过了，才可以考每三年举办一次的乡试，通过乡试的叫举人，举人就有做官的资格了。乡试考完，还有会试，这种考试在礼部贡院举行，一连考三场，每场三天，通过的叫贡士。会试考完，还有殿（diàn）试，殿试由皇帝亲临测试，通过了就叫进士。这样一年一年考下来，便有十年寒窗苦读的现象了。

成语笑话创作台

03

第三单元

第17篇

吵架

小布和安吉是一对**欢喜冤家**。一天下午，两人又为了**鸡毛蒜（suàn）皮**的小事吵了起来。安吉气冲冲地回到房间，一边收拾行李一边说：“你太**粗枝大叶**了，完全不能察觉我情绪的变化。我觉得我们都需要冷静一下。现在，我要搬回我爸妈家住，我爸妈家的气氛可是**霁（jì）风朗月**！”一旁的小布淡定地说：“唉，我忘记告诉你了，你妈跟你爸吵架，今天中午提着行李来我们家了，现在正在客房休息。你们要不要一起商量商量，好**并肩作战**呢？”

成语意思猜一猜

1.________________：比喻无关紧要的琐事或毫无价值的东西。

2.________________：比喻行动一致，共同努力。

3.________________：似相怨而实相爱的恋人或夫妻。

4.________________：形容人粗心，做事不细致，不认真。

5.________________：和风明月，比喻宽厚祥和的气氛。

成语运用 猜一猜

1. 这种________的小事，别来问我，你灵活处理就行。
2. 这对夫妻半小时前还吵闹不休，现在已经和好如初了，真是一对________。
3. 小李平日________，丢三落（là）四，但在大事上却一点儿也不马虎。
4. 同学们总是________，共同完成老师布置的实验。
5. 汉文帝时期，采取轻徭薄赋、与民休息的政策，使社会一片________。

成语万事通

“鸡毛蒜皮”的故事

从前，有两个做小买卖的人，一个是卖鸡的，一个是卖蒜的。他们是邻居。卖鸡的整天杀鸡，家里鸡毛满地；卖蒜的整天剥蒜，家里蒜皮乱飞。刮东风的时候，卖鸡家的鸡毛常刮到卖蒜的家去；刮西风的时候，卖蒜家的蒜皮常刮到卖鸡的家里。两家常常为此争吵。有一次，卖蒜的打了卖鸡的一扁担，卖鸡的划了卖蒜的一刀子。后来，双方扭打着告到县衙。县官觉得为了鸡毛蒜皮的小事而伤人打官司实在不值。为了教育两家，县官判道：“**鸡毛蒜皮**，何值一提？各打十板，回去反省吧！”从此，“**鸡毛蒜皮**”这个成语就流传下来了。

第 18 篇

畸（jī）形儿

一名**初来乍到**的实习医生为怀孕4个月的雪儿做超音波检查，一边看着屏幕，一边**惊诧**（chà）**莫名**地念着：“糟了，糟了！”

雪儿听了，心里很慌张，**失魂丧魄**地问：“到底怎么了？是不是孩子有什么问题？”实习医生说：“没错，你好像怀了畸形儿，他有两个头、四只手和四只脚。”雪儿听了伤心欲绝，哭得**天昏地暗**，惊动了医院的主任。

主任**明察秋毫**，看了看屏幕说：“什么畸形儿？明明是双胞胎呀！”雪儿听了**破涕**（tì）**为笑**。

成语意思 猜一猜

1.________________：形容转悲为喜。

2.________________：形容感到十分惊讶奇怪。

3.________________：形容能洞察一切，看出极细微的地方。

4.________________：天地一片昏暗惨淡。形容凄黯（qī àn）愁苦的情景。

5.________________：形容极度惊恐不安。

6.________________：刚刚来到一个新地方。

成语运用 猜一猜

1. 八路军把敌人打得＿＿＿＿＿＿＿＿，屁滚尿流。
2. 接二连三的事故让他忙得＿＿＿＿＿＿＿＿，都快累垮了。
3. 弟弟的冰激凌掉到地上，我们花了很长时间安慰他，他才＿＿＿＿＿＿＿＿。
4. 忽听门外“砰”的一声巨响，大家＿＿＿＿＿＿＿＿，不知发生了什么事情。
5. 这里的一切都显得大方而庄重，＿＿＿＿＿＿＿＿的人尤其能感受到这一点。
6. 刑警大队长＿＿＿＿＿＿＿＿，终于搜集出罪犯作案的证据。

成语万事通

“秋毫”是什么？

“秋毫”指的是鸟兽秋天身上新生的细毛，比喻极其细小的事物。含“秋毫”的成语有**“洞察秋毫”**（形容人目光敏锐，任何细小的事物都能看得很清楚）、**“秋毫无犯”**（指军纪严明，丝毫不侵犯人民的利益）、**“秋毫之末”**（鸟兽在秋天新长的细毛的尖端。比喻极微小的东西或极细微的地方）等。

第19篇
吃素的小狼

狼爸爸和狼妈妈有个烦恼，那就是小狼**特立独行**，只喜欢吃蔬菜和水果。

狼爸爸**谆（zhūn）谆善诱（yòu）**："你为什么要跟别人不同？像个**逐臭（chòu）之夫**！"小狼一点儿也不在乎地回答："有人喜欢**山珍海味**，有人**嗜（shì）痂（jiā）成癖（pǐ）**，跟别人**大相径庭**有什么不好？"狼爸爸、狼妈妈整天挂念着这件事情。

有一天，它们看到小狼**风驰电掣（chè）**地追赶一只野兔，以为小狼**痛改前非**，开心地大喊着："加油，加油！"没想到，小狼追到野兔时，竟然厉声呵斥："兔崽子，留下你的胡萝卜，赶紧滚！"

成语意思 猜一猜

1.________________：比喻人有怪异的不良嗜好。

2.________________：山野和海里出产的各种珍贵食品。泛指丰富的菜肴。

3.________________：比喻嗜好怪异、与众不同的人。

4.________：形容人的志行高洁，不同流俗。

5.________：诚恳耐心地启发、引导他人。

6.________：彻底改正以前所犯的错误。

7.________：比喻相差很远，大不相同。

8.________：形容非常迅速，像风吹电闪一样。

成语运用 猜一猜

1. 老师的________终于感动了顽（wán）固的学生。
2. 每个人的癖好不同，到处都有________，你何必大惊小怪呢？
3. 他一年到头都是一袭（xí）长袍，________的穿着给人留下深刻的印象。
4. 在政策的感召下，服刑人员决心________，重新做人。
5. 宫里的阿哥们吃的是________，喝的是琼浆玉液。
6. 几年后再相见，我发现他处事与以前________，小气的他变得大方起来。
7. 奔跑如________，咆哮如雷霆万钧，它就是被人们奉为“百兽之王”的老虎。
8. 小刚喜欢偷窥（kuī）别人的隐私，大家都讨厌他这种________的行为。

第 20 篇

减肥成功

阿杰搭上了一班挤得**水泄**（xiè）**不通**的公交车，身旁一个**心不在焉**（yān）的胖妇人不小心重重地踩了他一脚。“哎哟！”阿杰**痛彻心腑**（fǔ），大叫起来。妇人说：“哎呀，我踩到你了，痛不痛？痛不痛？”看到对方**追悔莫及**的表情，阿杰**勉为其难**地挤出微笑，**言不由衷**地说：“没关系，不痛不痛。”妇人**欣喜雀跃**（yuè）地说：“我终于减肥成功了！你是这个月第一个被我踩到说不痛的人！”

成语意思 猜一猜

1.________：勉强去做力所不及或不愿去做的事。

2.________：痛到心坎里。形容痛楚非常。

3.________：虽然后悔，但为时已晚，无法挽回。

4.________：心思不在这里。指思想不集中。

5.________：形容封锁或包围得非常严密。也形容人很多，十分拥挤。

6.________：高兴得像鸟雀那样跳跃。形容非常喜悦。

7.________：话不是打心眼里说出来的。指心口不一。

成语运用 猜一猜

1. 一到假日，小吃街就被挤得________________。

2. 小朋友领到玩具，马上________________地玩起来。

3. 他一不小心扭伤了脚，________________地大声呼救。

4. 他上课总是________________，考试成绩必定不佳。

5. 这件事情难度挺大，在他的强烈要求下，我只好________________地答应了他的请求。

6. 为了让娘家人放心，饱受婆家虐待的小媳妇________________地说过得很好。

7. 妈妈失望的眼神让他________________，忍不住流下眼泪。

成语万事通

言不由衷 VS 口是心非

“言不由衷”与“口是心非”都指心口不一致，但是有所区别：“言不由衷”多形容说话不坦率，有时也含虚伪、欺骗之意，但语意较轻；“口是心非”多形容虚伪、欺骗的言行，语意较重。

第21篇

医生建议

刘叔叔觉得自己**身心交瘁**（cuì），不再像年轻时那样总有**源源不绝**的精力。

他到医院做了一次**彻**（chè）**首彻尾**的检查，医生特别叮嘱他："以后烟少抽一点，酒也少喝一点。"刘叔叔照做了，三个月后复检，他的健康却**每况愈**（yù）**下**。医生**愁肠百结**，只好建议他说："我劝你把烟酒都戒（jiè）了，也许身体能渐有起色。"刘叔叔一听，**悲喜交集**地说："太好了，我原本不抽烟，也不喝酒的，为了遵照你少烟少酒的指示，这三个月真是痛苦万分呢！"

成语意思 猜一猜

1.________：又悲伤，又喜悦，两种感情交织在一起。

2.________：形容忧愁郁结在心中，难以排遣。

3.________：指情况越来越不好。

4.________：身体和精神都过度疲劳。

5.________：从头到尾，完完全全。

6.________：连续发生，没有间断。

成语运用 猜一猜

1. 这件事我________地不赞成，请你三思而后行。
2. 由于学习任务繁重，妹妹的视力________。
3. 大病一场后，他已经________，精力和体力都不能跟以前比了。
4. 他总是有________的创意，出色的策划让人惊叹连连。
5. 她历尽艰辛终于找到失散的儿子，不料身体却越来越差了，真是________。
6. 老大爷________地站在地头，无奈地看着干旱而死的庄稼。

成语万事通

每况愈下 VS 每下愈况

东郭子问庄子“道”到底在哪里。庄子说道无处不在，在蝼蚁中，在野草里，在砖瓦里，在屎尿里……看到庄子越说越把道往更低下卑贱的东西上说，东郭子疑惑不解，沉默不语。

庄子这才解释道：“一个人问屠夫，到底怎么才能判断猪的肥瘦呢？屠夫告诉他**每下愈况**。判断时要踩在猪下部的脚胫上，因为越靠下越是难长肉的地方，所以越往下踩，越能判断猪的肥瘦。这就是‘**每下愈况**’。道也是如此，越在卑微的地方越能显示出道的本质。”后来，“**每下愈况**”在传播中慢慢变成了“**每况愈下**”。

第22篇

老寿星的心愿

村里有位老人，已经年过百岁了。但他双眼**目光如炬**，说话**音声如钟**，身体健壮硬朗，**精神矍铄**（jué shuò）。

重（chóng）阳节那天，记者**风尘仆仆**赶来采访这位老寿星。记者问他："爷爷呀，您年轻时的心愿是否都**遂**（suì）**心如意**了呢？"老寿星歪着头沉思片刻，笑了笑，开心地说："当我还是**黄口小儿**时，母亲送我上私塾（shú）。每次书背不出来时，先生都会扯着我的头发。我那时候常常想，如果没有头发就好了。今天，这个心愿总算实现了！"

成语意思猜一猜

1.________________：形容声音像洪钟一样嘹（liáo）亮。

2.________________：指老人有精神，老而强健，不失风采。

3.________________：形容眼睛明亮而有气势。

4.________________：路途中劳累辛苦。

5.________________：小孩子。常用以讥讽别人年幼无知。

6.________________：顺心满意。

成语运用 猜一猜

1. 县委书记________________地来到山村检查工作。
2. 没想到两个辩论太阳远近大小的________________，居然问倒了大学者孔子！
3. 这些年他身体健康，家人平安，日子过得十分____________________。
4. 他身材高大，________________，是个非常豪爽的汉子。
5. 陶先生七十多岁了，虽然满头白发，但身材挺拔，看起来________________，红光满面。
6. 两位剑客互相对峙，________________，全身散发着杀气。

成语万事通

为什么叫"黄口"？

"黄口"本指雏鸟的嘴，借指儿童。古代的户役中称小孩为"黄"，隋代以不满三岁的幼儿为"黄"，唐代以刚生的婴儿为"黄"。后来，十岁以下儿童皆泛称为"黄口"。后常指无知的年轻人，用以讥讽他人年幼无知。与此相关的成语有"**黄口孺子**""**黄口小儿**"等。

第23篇

告白的时机

阿伟喜欢小月，只是两人的个性**判若霄壤**。小月个性机灵，**生龙活虎**。阿伟却**木讷**（nè）**寡**（guǎ）**言**，**三眼一板**。

有一天，阿伟找好朋友阿升**出谋划策**，阿伟说：“我抱着**破釜**（fǔ）**沉舟**的决心，决定愚人节先请小月看电影，再跟她告白。这样好不好？你可以**开诚布公**地说，别当个**事后诸葛亮**。”阿升很困惑地问：“你似乎有**运筹帷幄**（wéi wò）的计划，只是我不懂，为什么选在愚人节呢？”阿伟说：“因为假如她拒绝了我，我可以说‘愚人节快乐’，这样两个人就不会尴尬（gān gà）了！”

成语意思猜一猜

1.____________：在帐幕中谋划计谋。泛指谋划决策。

2.____________：坦诚相待，公正无私。

3.____________：像天和地那样区别明显。形容相差很大。

4.____________：比喻不留退路，下定决心一拼到底。

5.____________：形容人生气勃勃，充满活力。

6.____________：指为人出主意，定计策。

7.________：比喻言语、行动有条理或合规矩。有时也比喻做事死板，不懂得灵活掌握。

8.________：质朴而不善于说话。

9.________：比喻事后自称有先见之明的人。

成语运用 猜一猜

1. 姜子牙神机妙算，________，决胜千里。
2. 事情都已经发生了，你这些建议就像________，根本无济于事。
3. 别看他胖嘟嘟的，球场上的他矫健敏捷，________，常让对手措（cuò）手不及。
4. 为了参加高考，他辞（cí）掉工作，________，全心准备，希望能改变未来的生活。
5. 他看到别人的缺点总是________地直言相告，因此得罪了不少人。
6. 江南的早春繁花似锦，风光无限，而北方却________，依然一片荒芜。
7. 请大家为班级建设________，共同建设我们的班级。
8. 有些事要灵活处理，决不能________，不知变通。
9. 平时看似________的他，今天辩论时竟然妙语连珠。

第 24 篇

变得彻底

阿龙是个**风度翩翩**的美男子。有一天，他走在街上，迎面跑来一位男士，热情地拍着他的肩膀说：“天啊！杰伦，你变了太多了！”

那位男士拉住阿龙，端详了半天，**情不自禁**（jīn）地说：“你在学生时代是个**五短身材**、**貌不惊人**的小子，现在看起来**身强力壮**，像个电影明星，这样的改变，真是让人觉得**不可思议**呀！”

阿龙连忙解释：“不，不，不，先生，你一定是弄错了，我不是杰伦。”男士**抚掌大笑**：“就说你变得很彻底吧！居然连名字都改了！”

成语意思猜一猜

1.________________：指相貌平常，没有什么引人注意的地方。

2.________________：控制不住自己的情感。

3.________________：拍手大笑。形容非常高兴。

4.________________：指人的身材矮小。

5.________________：难以想象，不能理解。

6.________________：体格强壮，精力充沛。

7.________________：举止文雅优美。

成语运用 猜一猜

1. 叔叔一向________________，很少生病。
2. 听了弟弟天真可爱的话语，大家忍不住________________。
3. 武大郎是历史上鼎鼎有名的________________者。
4. 看到这欢乐的场面，我________________地笑了。
5. 这位总经理年纪轻轻就有这么大作为，而且________________，文质彬彬。
6. 他虽然________________，但学识渊博，令我们敬佩。
7. 这么难的数学题，他都能够考满分，真让我觉得________________________。

成语万事通

什么是“五短身材”？

“**五短身材**”中的“五短”有多种解释，具体如下：指头短，面短，身短，手短，足短；指身高在五尺以下，古人一般把八尺以上算作高个子，五尺以下算作矮个子；指四肢短，脖子短。尽管人们对此说法不一，但“五短”确实可用来形容人的身材矮小。与此相反的成语有“**五大三粗**”“**牛高马大**”。

成语笑话创作台

04

第四单元

第25篇

特别能吃苦

初出茅庐的阿吉到一家贸易公司应聘（pìn），老板看到他的自我介绍上面写着：特别能吃苦。他觉得这样的年轻人真是**凤毛麟**（lín）**角**，立刻决定录用他。没想到录用后，阿吉不但上班迟到早退，而且工作进度**一误再误**，对主管的要求还**敷衍**（fū yǎn）**了**（liǎo）**事**。老板只好亲自找阿吉谈话："当初看到你的自我介绍，以为你能**吃苦耐劳**，现在怎么表现得完全不一样？"阿吉耸耸肩说："我想当初一定是**忙中有失**，多写了一个'苦'字吧！"

成语意思猜一猜

1.________________：能经受艰苦和劳累。

2.________________：一次又一次的失误。指重犯同样的错误。

3.________________：原比喻新露头角。现比喻刚离开家庭或学校出来工作，缺乏经验。

4.________________：匆忙当中难免有失误。

5.________________：比喻珍贵而稀少的人或事物。

6.________________：不认真负责，应付一下子就把事情办了。

成语运用 猜一猜

1. 这些年我们县高考考上清华、北大的学生还是______________。

2. 交卷的铃声响了，他______________，竟然将“墨”水写成“黑”水。

3. 爷爷生病了，就该赶紧找医生，怎么能______________呢？

4. 这位______________的新人以认真的工作态度获得了老板的赞赏。

5. 厌学的小豪对待家庭作业从来都是______________。

6. ______________和勤俭节约是中华民族的传统美德。

成语万事通

“茅庐”指的是什么？

“茅庐”就是“草房子”，代表简陋（lòu）的一般人家。东汉末年，诸葛亮隐居在南阳，刘备听说了他的聪明与才干，曾三次亲自出面请他出山，希望他辅助自己复兴汉朝。第一次，刘备、关羽和张飞三人带着礼物到诸葛亮家，不巧诸葛亮外出了。隔了几天后，三人冒着大风雪再次前往，没想到诸葛亮又出门了。第三次，刘备虔心诚意地斋戒（zhāi jiè）沐浴三天之后，再次到诸葛亮家。这次诸葛亮在睡觉，三人站着等待，终于感动了诸葛亮，刘备得到了得力的助手。刘备**“三顾茅庐”**是指敬贤礼士的诚意，后来用**“初出茅庐”**比喻刚踏入社会，缺乏历练的人。

第 26 篇

修理什么？

沈妈妈和杨妈妈的住处只有**一箭之遥**，经常一起喝茶聊天。

有一次，沈妈妈感慨地说：“我儿子整天**费尽心机**搞破坏，连电视都拆了！”杨妈妈惊呼：“啊！那怎么办？”沈妈妈耸耸肩，说：“我**好说歹（dǎi）说**地劝他，他依然是一副**无奈我何**的样子。好在我老公会修理电视机，他说儿子做的事**无伤大雅**，安慰我说**不足为奇**。”这时候，杨妈妈说：“我家强强也会拆电视。不过，我老公也会修理。”沈妈妈惊讶地说：“他不是读农业类专业的吗？”杨妈妈笑着说：“他会‘修理’孩子，强强就不敢再搞破坏了。”

成语意思 猜一猜

1. ________________：用尽心思。形容千方百计地谋划。
2. ________________：对事物的主要方面没有什么妨害。
3. ________________：不能把我怎么样。
4. ________________：百般劝说。
5. ________________：指某种现象或事物很平常，没有什么特别的。
6. ________________：相当于一箭射程的距离，比喻相距不远。

成语运用 猜一猜

1. 人们习惯在愚人节开一些________________的玩笑。
2. 车站离这里只有________________，你完全可以走过去。
3. 无论富和尚怎样________________，穷和尚还是要徒步去南海取经。
4. 这些事情原本是官场中________________的常事，你何必大惊小怪。
5. 就算我看一整晚的电视，爸爸也________________，因为他最疼我了。
6. 敌方________________，企图刺探我方的经济情报，但终因我方防范严密而一无所获。

成语万事通

“一箭之遥”有多远？

“一箭之遥”也作“一箭之地”。古人往往用箭的射程来度量较近的地理位置，每箭的距离在一百二十步到一百五十步之间。“一箭之遥”比喻两地相距不远。

第 27 篇

耳朵到哪里去了？

某位知县**走马之任**，说话有很浓的乡音。有一天，他想挂蚊帐，便对师爷说："你去给我买两根竹竿回来。"师爷满口应允，立即跑到肉店去，喊："新来的县太爷要两副猪肝。"店主是个**颖悟绝伦**的人，马上割了两个大猪肝，另外奉送了一副猪耳朵以表诚意。师爷心想：县太爷要的是猪肝，这猪耳朵**理所当然**是我的了，便将猪耳朵塞进自己的口袋里。回到县衙（yá），知县看到师爷手中的猪肝，**破口大骂**："你**东差西误**！耳朵到哪里去了？"师爷一听，吓得**屁滚尿流**，说："耳……耳朵……在我的口袋里！"

成语意思猜一猜

1.________：形容极度惊恐、慌乱而狼狈不堪的样子。

2.________：指出现这样或那样的差池、错误。形容办事不得力。

3.________：指用恶语大声怒骂。

4.________：从道理上说应该是这样。

5.________：指委任的官员就职。也泛指就任某一职位。

6.＿＿＿＿＿＿：聪明过人。

成语运用 猜一猜

1. 庄子是有大智慧的人，可以说是＿＿＿＿＿＿。
2. 多劳多得，少劳少得，这是＿＿＿＿＿＿的。
3. 他吓得＿＿＿＿＿＿，坐在地板上发抖。
4. 邻居李大娘真是泼辣，无论谁惹恼了她，她都会＿＿＿＿＿＿。
5. 送货员做事非常马虎，＿＿＿＿＿＿，把顾客的包裹（guǒ）弄丢了。
6. 随着一纸调令，县委书记离开富庶繁华的小城，去边远山区＿＿＿＿＿＿。

成语 万事通

“走马”是什么意思？

我们常常会听说新官**“走马上任”“走马赴任”**，但你知道“走马”是什么意思吗？“走”在古代表示跑的意思，马是古代的主要交通工具，“走马”就表示骑着马跑。后来委任的官员就职，或去新岗位工作都可用**“走马之任”“走马到任”**等成语来表示。

第 28 篇

聪明的毛驴哪里找？

一个聪明人在乡下**信步而行**，看到磨坊（mò fáng）里有一头在拉磨的毛驴，脖子上挂着一串铃铛。他问磨坊主人：“你为什么要在毛驴的脖子上挂一串铃铛呢？”磨坊主人回答：“每次我**昏昏欲睡**的时候，毛驴常常会**偎慵堕懒**（wēi yōng duò lǎn）。于是，我**行思坐想**，终于想到这个好方法。如果铃铛**悄**（qiǎo）**然无声**了，我就知道这个畜生又**偷懒耍滑**了。”聪明人想了一下，又问：“如果毛驴停在原地**纹风不动**，只是摇头，你又能听到铃声，它却没有干活，那怎么办呢？”磨坊主人愣（lèng）了一下，**一本正经**地说：“先生，世上哪有像您这样聪明的毛驴呢？”

成语意思 猜一猜

1.________________：静悄悄的没有一点声音。

2.________________：坐着想，走着也想。形容无时无刻不在想着。

3.________________：一点也不动。

4.________________：偷懒、懒惰。

5.________________：无目的地随意行走。

6.________：昏昏沉沉只想睡觉。形容精神萎靡或非常疲倦。

7.________：指有意逃避、耍弄手段使自己少出力或不担责任。

8.________：形容态度庄重严肃，郑重其事。有时含讽刺意味。

成语运用 猜一猜

1. 自从相依为命的小狗走失，阿姨每天________，茶饭不思。
2. 他家的钢铁大门紧锁，大家一起推还是________。
3. 她________，享受着湿漉漉的草地触及双脚的感觉。
4. 队员们经过十几个小时的长途跋涉，个个人困马乏，________。
5. 当一只猫________地走进我的房间，失眠就开始与我纠缠不清了。
6. 与勤勤恳恳的哥哥相比，弟弟从小不务正业，干活时喜欢________。
7. 猪八戒一直油腔滑调，而唐僧总是________。
8. 王强________，恶名远扬，没有人愿意雇用他。

第29篇
白费唇舌

一位资深的艺术评论家正在评论一幅画："这位年轻画家的技术称不上**驾轻就熟**，有点儿**差**（chā）**强人意**。树木歪斜不正，野草没根似的浮在半空中。"来宾听了，频频点头，觉得他**言之有理**。评论家推了推鼻子上的老花眼镜，说："你们仔细看，画家为了**引人入胜**，竟然画了一只苍蝇。当然，假如画家**精益求精**，把它画得更逼真就好了。可惜，这只苍蝇看起来就像是一小团污泥，没有半点可取之处。"

这时候，苍蝇受不了评论家的**调**（tiáo）**嘴弄舌**，就拍拍翅膀从画上飞走了。

成语意思猜一猜

1.______________：说长道短，搬弄是非。
2.______________：带领人进入优美的境界。多形容自然风光或文艺作品非常吸引人。
3.______________：指对学问、技艺等的追求好了还要更好。
4.______________：驾轻车，走熟路。比喻对事情熟悉，办起来容易。

5.______________：说的话有道理。

6.______________：大致上还能令人满意。

成语运用 猜一猜

1. 爸爸做事一向________________，工作非常出色。
2. 晚饭后，阿婆们又在________________、说三道四了。
3. 黄果树瀑布以雄奇险秀闻名于世，其景色________________，吸引了许多中外游客前来观赏。
4. 这道题目没有标准答案，只要______________，有说服力即可。
5. 陈叔叔是个机械工程师，所以修理起机器来____________。
6. 这篇作文的文笔虽然不够美，但结构安排还算________________。

成语万事通

“栩栩如生”的典故

庄子曾经写了这样一个故事：“昔者庄周梦为蝴蝶，栩栩然蝴蝶也，自喻适忘与！”意思是说有一次，他做了一个奇怪的梦。在梦中，庄子觉得自己变成了一只蝴蝶，翩翩起舞，随心所欲地上下翻飞，开心极了，忘记自己就是庄周。一觉醒来，庄子还为刚才的梦境痴迷不已，一时间都不知道自己到底是谁了，是庄周梦见自己变成了蝴蝶呢，还是蝴蝶梦见自己变成了庄周？哪一个都像真的一样啊。

第 30 篇

为时已晚

邻居张峻大哥**心如金石**，高考一连考了三年，**皇天不负有心人**，终于考上了医学院，他**负笈**（jí）**担簦**（dēng）到北部读书。

第一次期中考试，张峻**忐忑**（tǎn tè）**不安**。当教授问他某种病每次需要服用多少药量时，张峻回答："五克。"一分钟后，他发现自己答错了，应该是五毫克才对。张峻感到**难以为情**，急忙站起来说："教授，允许我修正吗？"

教授看了一下手表，**直言正色**地对他说："来不及了，由于你的失误，病人服用过量的药物，早已**与世长辞**了！"

成语意思猜一猜

1.________________：本指远离尘世过隐居生活。现指去世。

2.________________：羞愧，不好意思，情面上过不去。

3.________________：心像铁石一样坚硬。形容意志坚定。

4.________________：言语正直，表情严肃。

5.________________：心里七上八下不得安定。

6.________________：指背着书箱，扛着有柄（bǐng）的笠（lì）。比喻出外求学。

7.________：上天不会辜负有恒心的人。

成语运用 猜一猜

1. 哥哥即将________，北上求学，妈妈勉励他尊师守礼，学业有成。
2. 他刻苦练习气功，________，毫无杂念。
3. 弟弟犯了错却嬉皮笑脸，爸爸________地训诫他。
4. 老乡千里迢（tiáo）迢专程赶来看望我们，我却让人家空手而归，不免有些________。
5. 老先生烧伤严重，抢救无效，已经________了。
6. 母亲担心儿子被歹徒诬陷（wū xiàn），心中________，急得在屋子里团团转。
7. 真是________，经过一个学期的努力，他终于名列前茅。

成语万事通

"金石"家族

古人颂扬某人的功德时，会将他的功绩刻在金石上，传颂后世。"金"指的是钟鼎（dǐng）酒器，"石"就是石碑，两者的质地都十分坚硬，因此，人们用"金石"来比喻一个人的意志与情感坚贞不渝。一个人的誓（shì）言像金石般坚固，不可变更，可以说是"**金石之盟**"；朋友珍贵的劝告或教诲，是"**金石之言**"或"**金石良言**"；"**金石至交**"则用来比喻朋友的交情深厚。

第 31 篇

潜移默化

王伯伯的隔壁搬来一个外国人。早上，**初来乍到**的外国人开口说：“Good morning！”王伯伯感到**茫然费解**，心想：我又不叫古摸宁！于是，他说：“我，老王啦！”第二天，两人又**不期而遇**，外国人又跟他说：“Good morning！”王伯伯大叫：“我，老王啦！”晚上，在外地读书的儿子回来了，王伯伯跟他说起这件事，儿子笑着回答：“Good morning 是早安的意思啦！”王伯伯**恍然大悟**，并嘲笑自己是个**白丁俗客**。

隔天一早，王伯伯主动去跟外国人说：“古摸宁啦。”令人**始料未及**的是，外国人竟回答他：“我，老王啦！”

成语意思 猜一猜

1.________________：粗俗而没有见识的人。

2.________________：认识不清，不能理解。

3.________________：形容一下子明白过来。

4.________________：当初没有料想到。

5.________________：事先没有约定却意外地相遇。

6.________________：指人的思想、习性等受到外来影响而不知不觉发生变化。

成语运用 猜一猜

1. 当老师把问题答案公布出来后，他才________。
2. 那位学富五车的老先生声称自己以前也是个________。
3. 世界杯的赛场上出现了很多让人________的状况。
4. 两位多年不见的老朋友________，真是喜出望外，手握着手地交谈了起来。
5. 父母的一言一行都会对孩子产生________的影响。
6. 针对当前的局面，大家都________，更别说拿出好法子来应对了。

成语万事通

潜在的影响

一个人在培育兰花的花房待久了，身上也会有兰花的香气，在鱼市场待久了，身上则会有鱼腥味。古人颜之推凭着自己的切身经验，写了一本《颜氏家训》，用来教导子孙如何为人处世。书里提到潜移暗化的概念。他认为人在年少时，如果多和贤德的人在一起，无形中就会养成良好的品德。潜移暗化后来演变成"**潜移默化**"，是形容一个人的思想、性格或习惯受到影响，不知不觉就起了变化。想想看，身边的朋友对自己产生了哪些影响？

第32篇

聪明的鹦鹉

老李到小陈家做客，他按门铃后，屋里有人说：“再按。”老李又按了两次，屋里传来声音：“再按。”他再按完后，门果真开了。进门后，老李**满腹疑团**，不解地问：“为什么叫我按那么多次门铃？”小陈回答：“是鹦鹉叫你按的。我这只鹦鹉**千伶百俐**，你握它左脚，它说你好；握右脚，它说**后会有期**。”老李试了试后，说：“果然不错！”心想：如果两只脚都握，会怎样呢？老李**巴巴劫**（jié）**劫**地握住了鹦鹉的两只脚，结果让他**目瞪**（dèng）**口呆**。因为，鹦鹉**疾**（jí）**声大呼**：“老兄，你想把我扳倒（bān dǎo）吗？”

成语意思猜一猜

1. ________：急促而大声地呼喊，以引起注意。
2. ________：分别后还会有见面的时候。多用于分别。
3. ________：形容言行或心情急切。
4. ________：心里有很多疑惑。
5. ________：形容因吃惊、害怕或生气而发愣的样子。
6. ________：形容非常机灵。

成语运用 猜一猜

1. 表哥赴美留学，登机前，他要大家多保重，并说________________。

2. 她一发病，就会____________，以此减轻身上的痛苦。

3. 他虽然____________，但最终还是按照大家说的做了。

4. 唐朝佳人公孙大娘舞剑时的英姿使观众看得________________，震惊不已。

5. 这只哈巴狗真是____________，很通人性啊！

6. 听说妻子生了个大胖小子，他____________地推开产房的门，挤了进去。

成语万事通

“千”“百”成语大聚会

含有“千”和“百”的成语非常多。比如**“千娇百媚”“千奇百怪”“千锤百炼”“千依百顺”“千姿百态”**等。同学们，你还知道哪些含有“千”和“百”的成语呢？快和小伙伴们来比比谁知道得多吧。

成语笑话创作台

05

第五单元

第33篇

爱孙心切

堆金积玉的李老太太一直住在乡下，她听说孙子上大学后参加了学校的橄榄（gǎn lǎn）球队，感到十分开心。她虽然没看过橄榄球比赛，但是知道运动员都要有强健的体魄（pò）。

李老太太为了探望孙子，急忙进了城。她**急不可待**地赶到孙子的学校去，正好赶上孙子和同学们在**热火朝天**地打橄榄球比赛。李老太太不太懂，只看到孙子在场地上为了一颗球和许多人**生夺硬抢**，她**爱莫能助**地说："原来这就是橄榄球赛，孙子啊，你何必为了一颗球这样**拼死拼活**？只要跟我说一声，要多少颗球，我都会买给你呀！"

成语意思猜一猜

1.________________：虽然同情但无法给予帮助。

2.________________：急切得不能再等待。形容十分急切。

3.________________：拼命去做，不顾死活。形容竭尽全力去做某件事。

4.________________：形容气氛热烈，情绪高涨。

5.__________：强行抢夺。

6.__________：形容财富充裕。

成语运用 猜一猜

1. 他__________置办下这些产业，不料被一把大火烧得一干二净。

2. 爸爸上班很辛苦，我真想帮他，但实在__________。

3. 他俩一见面就聊得__________，真有点儿相见恨晚的感觉。

4. 歹徒抓住我的包__________，真是贼胆包天。

5. 胡雪岩经商有道，财源广进，家中自然是__________啦！

6. 铃声一响，他__________地冲出了教室。

成语万事通

“堆金积玉”的和珅

尽人皆知，和珅是一等一的大贪官，用**“堆金积玉”**来形容他的财富太适合不过了。那么，在没有保险箱的时代，如此多的钱财藏在哪里呢？嘉庆帝派人连续搜了六天六夜，才把和珅积藏多年的产业收拾利索。原来，和珅寓居的恭王府就是藏宝处，他将海量的金银财宝都藏在了自家的柱子还有墙壁里。

第34篇

打　猎

老李热衷打猎，但他的袋子里总是**空无一物**。

有一天，他带着小儿子上山打猎，一路上**自吹自擂**（léi）说，自己的箭术如何高超。突然，小儿子发现头顶上有只大雁飞过，急忙大叫："爸爸！快拉弓箭！"只见老李**努筋拔**（bá）**力**地拉弓射箭，但大雁还是**陶**（táo）**然自得**地在天上飞。老李故作惊讶，说："真是神奇！一只被箭射中的鸟还能**翼翼飞鸾**（luán）！""还好我不是生活在狩（shòu）猎为生的原始时代，否则依赖（lài）爸爸打猎的技术，我早就饿死啦！"小儿子**怅**（chàng）**然若失**地说。

成语意思猜一猜

1.________________：自己感到快意。

2.________________：自己吹喇叭，自己击鼓。比喻自我吹嘘。

3.________________：心里不痛快，好像丢了什么东西一样。

4.________________：没有任何东西。

5.________________：凸出青筋，使尽力气。形容竭尽全力。

6.________________：指飞翔的样子。

成语运用 猜一猜

1. 才做出了那么点成绩，就________，将来还能干成什么大事？
2. 房子里________，窃（qiè）贼白跑一场，空手而归。
3. 爷爷坐在摇椅上，________地唱着民歌，那神情，真叫人羡慕。
4. 小李广花荣________，一箭射落祝家庄的灯笼。
5. 鸿雁在秋天的晴空上________，鸣叫呼应，队队成行。
6. 应聘失败后，他________，不理睬任何人。

成语万事通

神箭手

射箭在中国古代十分盛行，男子都喜欢学习箭术，并以神箭手为目标。

年轻人纪昌想拜神箭手飞卫为师。飞卫说：“学习射箭要不断地练习，不能半途而废。”纪昌毫不犹豫（yù）地说：“没问题。”于是飞卫一步一步教他学箭。在纪昌学习射箭的头两年，他每天望着妻子的织布机，盯着来回的梭（suō）子，终于练好了不眨眼睛的本领。又过了三年，他终于把跳蚤（tiào zao）看得像车轮那么大，并试着用箭射跳蚤，没想到，正中它的心脏。纪昌发现只要专注认真地看，本来很小的东西就会变得很大，箭就容易射中目标。飞卫高兴地说：“你成功了！”

第35篇

我从哪里来？

有一天，琪琪**健步如飞**地奔回家。妈妈关切地问她：“为什么跑得这么快？发生了什么事？”

琪琪说：“班上的小华知道他是从哪里来的，可是我一点都不知道。”妈妈心想：虽然这是一件**有口难言**的事，但为了女儿的自尊心，她决定做一次正确的性知识教育。于是，她就**滔（tāo）滔不绝**地介绍知识，讲得**舌敝唇焦**。琪琪**全神贯注**地聆（líng）听着。但最后，琪琪**一头雾水**地看着妈妈，说：“小华说他是从济南来的，可是妈妈说了一大堆，我还是不明白自己是从哪儿来的呀！”

成语意思猜一猜

1.________________：形容摸不着头脑，莫名其妙。

2.________________：形容费尽口舌。

3.________________：指有话不便说或不敢说。

4.________________：全副精神高度集中。

5.________________：形容步伐矫健，走得飞快。

6.________：像水流一样连续不断。多形容话多，说起来没完没了。

成语运用 猜一猜

1. 张老师虽然手里拎着两大摞（luò）课本，但依然________。
2. 同学们都________地看着老师做实验。
3. 他前言不搭后语，听得我________。
4. 我讲得________，小明依然固执己见。
5. 校长在会上________地讲了两个钟头。
6. 这件事情实在是________，你就不要再逼我说了。

成语万事通

“一头雾水”的来源

“**一头雾水**”来自哪里呢？有一种说法是，“**一头雾水**”来自广东话“无头无绪”（没有头绪），因为“无绪”跟“雾水”谐音，于是便成了“无头雾水”。后来，逐渐变成了“**一头雾水**”，并为非粤语地区的人接受。

第 36 篇

小男孩说实话

一个**贼眉鼠眼**的小偷来到一个高级住宅区，他看到一个小男孩孤零零坐在房子门口，脖子上还挂着一串钥匙，于是**大摇大摆**地走上前，说："小朋友，你爸爸在家吗？"小男孩说："不在家呀。"小偷**探头探脑**地说："我是查电表的工人，可以让我进去吗？""当然可以。"小男孩说完，帮他打开门。小偷刚进去，接下来转身拔腿就跑，边跑还边回头骂："小小年纪就**欺天罔**（wǎng，蒙蔽）**地**！"小男孩听了这话**摸头不着**（zháo），追着他喊："我爸爸真的不在家，他们是我的二叔、三叔、四叔、五叔、六叔……"

成语意思 猜一猜

1.________________：形容走路挺神气、满不在乎的样子。

2.________________：不知道怎么一回事。

3.________________：不断伸头看，形容鬼鬼祟（suì）祟地窥视。

4.________________：欺骗天地神明。形容欺诈的手段非常高。

5.________________：形容神情鬼鬼祟祟。

成语运用 猜一猜

1. 妹妹在门口________，一定又做了什么亏心事。
2. 大家等了半天，他才________地走进来，没有丝毫歉意。
3. 这件抢劫案连警方都________，看来破案是遥遥无期了。
4. 他一副________的样子，一看就不是什么好人。
5. 他在小时候就________，长大后更没人敢相信他。

成语 万事通

“鼠”字成语知多少

“鼠”字为象形字，头部像锐利的鼠牙，下面像足、脊背、尾巴形。俗称“耗子”，是哺乳动物的一科，门齿终生持续生长，常借啮物以磨短，繁殖迅速，种类甚多，有的能传播鼠疫等病原，并为害农林草原，盗食粮食，破坏贮藏物、建筑物等。“鼠”可喻指小人、奸臣，或比喻胆小怕事。与“鼠”相关的成语有很多，多含贬义。比如：**“胆小如鼠”“鼠目寸光”“首鼠两端”“目光如鼠”**等。

第 37 篇

谁踩到鸭子？

三个女人在一场车祸中丧生，她们来到了天堂。天使说："你们千万不要踩到鸭子。"三个女人不敢**掉以轻心**，但天堂里到处都是鸭子，**不计其数**，她们还是难以避免地踩到了。

第一个女人踩到一只鸭子后，天使立刻带来一个长得极丑的男人，说："踩到鸭子的惩罚，就是跟这个丑男人**厮**（sī，相互）**守终生**。"

第二天，另一个女人也踩到了鸭子，天使便带着另一个**百拙**（zhuō）**千丑**的男人来到她的面前。

第三个女人不希望得到这个**天愁地惨**的惩罚，**谨小慎微**地走路。她平安地过了几个月。有一天，天使带来一个帅哥，把他们绑在一起，说："这个男人刚才不幸踩到了一只鸭子。"

成语意思猜一猜

1. ________________：无法计算其数目。形容极多。
2. ________________：处事轻率，漫不经心。
3. ________________：形容十分凄（qī）惨。
4. ________________：形容非常笨拙丑恶。

5. ________：过分小心谨慎，生怕惹是生非。
6. ________：相互陪伴度过一生。

成语运用 猜一猜

1. 餐厅老板不喜欢录用________的服务人员，怕影响顾客上门的意愿。
2. 赤壁一战，曹军溃败，死伤________。
3. 小明行事过于________，有时难免错失良机。
4. 这次台风造成的灾情十分严重，有数百个家庭陷入________的境地中。
5. 纵然时光飞逝，我们都会慢慢变老，这辈子最幸福的事情就是与相爱的人________。
6. 高山上的天气瞬息万变，登山者绝不能________。

成语万事通

以貌取人

人们往往会患以貌取人的毛病，圣人孔子也不例外。他有一位弟子，名叫子羽。孔子一看到他身材矮胖，长得又很丑，就认为他的资质不高，将来不可能成才。但是，子羽拜孔子为师后，学习认真努力，处事光明磊（lěi）落，做人从不阿谀（ē yú）奉承。后来，有三百个学生追随子羽，他的好名声传遍四方。孔子十分后悔自己只凭相貌就评断一个人未来的成就。**以貌取人真是不应该啊！**

第38篇

无知的媳妇

叶大哥娶了一个**笨嘴拙舌**的媳妇，他媳妇经常闹笑话，让叶大哥感到很没面子。

有一天，他做客回来，无奈地说：“看人家的媳妇，再看看你……”叶大嫂不服气地说：“我怎么啦？”他说：“人家的媳妇**知书达理**。我一进门，她就**彬彬有礼**地问我贵姓。我说姓张，人家又问我，弓长张还是立早章。”叶大嫂听了**心向往之**。

几天后，家里来了一个**温文尔雅**的客人，叶大嫂立刻装出**学识渊博**的样子，问对方：“您贵姓？”客人说：“姓侯。”**强**（qiǎng）**文假醋**的叶大嫂又问：“是公猴还是母猴？”弄得客人**哭笑不得**。

成语意思猜一猜

1.________________：指人的学识广而深。

2.________________：态度温和有礼，举止文雅端庄。

3.________________：形容人说话能力差，口才不好。

4.________________：比喻人有学识与教养。

5.__________：指假斯文。

6.__________：对某个人或事物心里很向往。

7.__________：哭也不是，笑也不是。形容处境尴尬。

8.__________：文雅而有礼貌。

成语运用 猜一猜

1. 毛毛是个__________的人，但她的脑子很灵，手也巧得很。
2. 周律师__________，能言善辩，一定能胜任这件案子的辩护工作。
3. 他看起来__________，行为举止自然大方，很是讨人喜欢。
4. 苏州的园林久负盛名，我早就__________，然而总没有机会成行。
5. 别不懂装懂了，与其在这里__________，还不如踏踏实实地多读几本书。
6. 她是一个__________的淑女，琴棋书画样样精通。
7. 常听人说起北平商店的伙计接待客人如何的__________，一团和气，并且举出许多实例以证明其言之不虚。
8. 和弟弟在一起玩的时候很开心，不过有时候他很调皮，弄得我__________。

第39篇

魔术的破绽

一位魔术师在邮轮上工作，因为观众经常更换，他不再**不遗**（yí，留下）**余力**地去学习新戏法。

船长的鹦鹉对魔术师的每次演出都**贯微洞密**，期盼他露（lòu）出破绽（zhàn）。几年下来，它终于发现其中的秘密。当魔术师把一束花变不见时，鹦鹉便大叫："在他的背后！"魔术师**怒从心生**，真想把这只鹦鹉烤了吃掉，但最终也没有付诸行动，因为这鹦鹉是船长养的。

有一天，这艘邮轮撞到暗礁（jiāo），沉入海底。慌乱当中，魔术师抓住一块木板，在水面上**载**（zài）**沉载浮**，鹦鹉则站在木板的另一端，双方**死眉瞪眼**地不说一句话。三天后，鹦鹉忍不住对魔术师说："我**甘拜下风**，你到底把船变到哪里去了？"

成语意思 猜一猜

1.________________：形容呆滞，表情冷漠。

2.________________：表示诚心佩服，自认不如对方。

3.________________：愤怒从心底而起。比喻愤怒到极点就会胆大得什么事都干得出来。

4.________：能看到事物的最小最隐秘之处。对事物观察认识得非常透彻深入。

5.________：把所有力量全部使出来，无一丝一毫保留。

6.________：在水中上下沉浮。

成语运用 猜一猜

1. 这位读书人学识渊博，能言善辩，我们________。
2. 看到弟弟把我心爱的布娃娃踩在脚底，我不觉________。
3. 爸爸总是劝哥哥不要一副________的样子，很容易让人产生误会。
4. 小舟在水中游荡时，会随着波浪的高低________。
5. 天文学家真是________，又发现了一颗新的星星。
6. 一些跨国公司眼下正________地开拓国际市场，国际市场的竞争格局正在悄悄发生变化。

成语万事通

“载沉载浮”的出处

“**载沉载浮**”出自《诗经·小雅·菁菁者莪（é）》：“泛泛杨舟，**载沉载浮**，既见君子，我心则休。”这首诗写的是一个爱情故事，表现女子与君子相见、获得君子厚赐后的喜悦心情。全诗四章，每章四句，以“菁菁者莪”起兴，描绘了一幅萝蒿（hāo）满地，青绿繁盛的春天胜景，并把一个美妙动人的故事表现得引人入胜。

第40篇

武侠迷

林伯伯的儿子是个武侠迷，经常看武侠小说看得**如醉如痴**。林伯伯**三番五次**地劝诫儿子不要沉迷。

一天，父子俩去公园散步，两人**阔（kuò）步高谈**，十分愉悦。不一会儿，儿子看到浑身长满刺的掌状植物，很感兴趣地问："这是什么植物？"林伯伯说："这是仙人掌，生长在沙漠地区。"儿子围着仙人掌转了半天，又**聚精会神**地看了很久。林伯伯第一次看到儿子对植物这么感兴趣，**喜不自禁（jīn）**地笑了。没想到，儿子竟问："敢问爸爸，仙人掌是哪个门派的独门功夫？"

成语意思猜一猜

1.________________：潇洒地迈着大步，随意地高声交谈。比喻言行不受束缚。

2.________________：专心致志，精神高度集中。

3.________________：形容人或事物过于沉迷或陶醉而不能自制。

4.________________：高兴得自己都承受不了。形容高兴到了极点。

5.________________：形容多次、屡（lǚ）次。

成语运用 猜一猜

1. 弟弟________地请求爸爸给他买玩具。

2. 演说家在广场上________，全场的人都全神贯注地聆（líng）听着。

3. 教室里，同学们都在________地听讲。

4. 姐姐听音乐听得________，连电话响了都没听到。

5. 妈妈给弟弟买了他最喜欢的遥控赛车，弟弟________。

成语万事通

巧记“三”“五”成语

成语王国中有很多关于数字的成语，其中含有“三”“五”的成语也不少呢。那我们如何更好地记住它们呢？将它们编成一段话来记忆不失为一个好办法。比如：暑假快到了，老师和父母总是“**三令五申**”，提醒我们游泳需要注意的事项，但孩子们总是“**隔三差五**”“**三五成群**”地走向游泳馆。万一出个“**三差五错**”，那可是连“**三皇五帝**”也救不了的。同学们，你们能用其他的数字成语编一段话去记住它们吗？快来试试吧！

成语笑话创作台

06

第六单元

第 41 篇

谁更懒？

一个男子**好逸（yì）恶（wù）劳**，什么事都不做，还嫌自己懒得不够**惟精惟一**，想拜师学懒呢！

终于，他打听到一间学懒店，便**千里迢迢**赶去拜师。到了学懒店门口，他转身倒退着进了门。学懒店的师傅对他**吆（yāo）五喝（hè）六**："嘿！为什么不把脸对着我？"男子**默不作声**，仍然背对着回答："师傅息怒，我来时背对着师傅，辞别时就可以不用转身了。"师傅一听，**钳（qián，闭口）口结舌**，一时之间不知道该说什么。过了一会儿，师傅才**如梦初醒**："你懒得**无以复加**，应该是我要尊称你为师傅才是。"

成语意思猜一猜

1.________________：已达到了极点，不能再增加。

2.________________：形容刚刚从迷惑或错误当中醒悟过来，明白真相。

3.________________：指紧闭嘴巴，不敢讲话。

4.________________：泛指大声呼喊或喝令。形容盛气凌人的样子。

5.________：指用功精深，用心专一。
6.________：贪图安逸，厌恶劳动。
7.________：形容路途十分遥远。
8.________：沉默着不说话。

成语运用 猜一猜

1. 李伯伯发现金条变成砖头时，才________，明白了那是一伙骗子。
2. 母亲对我们的关爱________，所以我们要加倍回报她。
3. 一个好班长不应对同学________，应该尊重同学。
4. 姐姐________，一颗心全沉浸在书的天地里，完全不理会我的呼叫。
5. 我们要学习勤劳能干的人，远离________的人。
6. 妈妈责问我为什么欺负同学，我________，无言以对。
7. 讨论会上，大家都对提出的问题踊跃发表意见，而他却一直________。
8. 唐僧到天竺（zhú）取经，________，一般人是没有这种勇气和毅力的。

第 42 篇

可怕的餐馆

张先生出差**风餐露宿**，一早，他到一家餐馆用餐。

早餐还没送来，他的肚子隐隐作痛，赶紧飞奔到厕所去。厕所里聚集了很多苍蝇，在他身边飞来飞去。本来他打算**忍气吞声**，但实在受不了，便匆匆跑了出来，**惊神破胆**地说："老板，您这儿苍蝇太多，简直叫人**切齿痛恨**。"老板毫不在意地说："您下次不要一大早就上厕所。"张先生**怒目而视**，**愤愤不平**地问："那该什么时候去？"老板笑着说："最好是中午十二点去，因为苍蝇都飞到餐厅了。"

张先生听完，早餐也不吃了，**胆战心惊**地逃离了这家餐馆。

成语意思 猜一猜

1.________：形容受了气强自忍耐，不敢发作或反抗。

2.________：形容十分害怕。

3.________：瞪着眼睛怒视对方。

4.________：形容极其恐惧。

5.________：形容愤恨到极点。

6.________：风里吃饭，露天睡觉。形容旅途或野外工作的辛苦。

7.________：形容对不公正的事情感到不满，非常生气。

成语运用 猜一猜

1. 赖小姐跑进警察局，________地告诉警察有人跟踪她。
2. 他们俩因为一点小事大吵起来，________的样子十分吓人。
3. 深夜听到外面传来的哭叫声，全家人________。
4. 哥哥对上司的无理指责________，只为了保住这份稳定的工作。
5. 经过几天________，登山队员终于到达了目的地。
6. 大家明白老李是代人受过，心中都替他________。
7. 饱经战争摧残的人们对侵略行为________。

成语万事通

蝇

蝇的成虫喜欢吃甜食，因此在农作物的授粉和品种改良上能代替蜜蜂的功能。蝇蛆（qū）富含蛋白质，可接种在伤口，发挥杀菌作用并促进伤口愈合。蝇蛆体内更富含人体所必需的氨（ān）基酸，因此成为重要的饵料、饲料。家里的苍蝇，喜爱腐败的有机物，常出没在卫生较差的环境中，也会飞到可以食用的物品上。人类一旦吃进了被污染的食物，就容易染上痢（lì）疾等传染病。

第43篇

谁开的谁喝

周先生因为工作的需要，经常**迎来送往**，陪客户喝酒。

一天晚上，他不胜酒力，迷醉之中误闯入厕所。他走进第一个隔间，开始呕吐（ǒu tù）。这时候，有一个小男孩走进第二个隔间小便，**酩酊**（mǐng dǐng）**大醉**的周先生以为有人在倒酒，**大肆咆哮**（páo xiào）：“我说过不喝了，谁又在倒酒？”小男孩听了**大吃一惊**，赶紧**屏**（bǐng）**声敛**（liǎn）**气**，虽然憋住了小便，但没有控制住放屁，而且声音很响。周先生**勃然大怒**，**口出不逊**（xùn，谦逊、恭顺）：“我说过不喝了，哪个王八蛋又开了一瓶？谁开的谁喝！”

成语意思猜一猜

1.________________：突然变脸大发脾气。

2.________________：指愤怒地大喊大叫。

3.________________：暂时止住呼吸不敢出气。也形容小心翼翼或注意力高度集中的情状。

4.________________：指说话傲慢，蛮横无理。

5.________________：形容饮酒醉得很厉害的样子。

6.________________：对突然发生的事没有准备，十分吃惊。

7.__________：走的欢送，来的欢迎。形容忙于交际应酬。

成语运用 猜一猜

1. 他们__________，以多欺少，立即引起了公愤。
2. 爸爸去吃喜酒，喝得__________，只好请妈妈代驾。
3. 奸商在食品中掺杂有害物质，质检员__________。
4. 听说刘邦先占领了咸阳城，西楚霸王项羽__________，立刻发兵攻打刘邦。
5. 这家酒店生意火爆，老板每天都__________。
6. 我__________地摸着表演者肩上的大蟒蛇，生怕它会突然咬我一口。
7. 小雨的数学成绩突飞猛进，我们大家都__________。

成语万事通

照顾“酩酊大醉”者

喝酒有害身体健康，万一亲友喝醉了，我们要照顾他，以免造成不良的后果。醉酒者如果走路不稳，旁人要小心防止他跌倒、撞击。另外，醉酒者身体机能下降，容易受凉，要给他保暖的衣物。醉酒者躺下时，要把他的头歪向一侧，以防呕吐；若是吐了，要帮他清除口腔的呕吐物，如果呕吐的东西不慎进入气管，很容易发生窒（zhì）息，或造成肺部感染。为了避免喝醉，在赴宴前，可先吃些高蛋白的食物，如鸡蛋、牛奶或豆浆。高蛋白的食物在胃里会和酒精结合，大大减弱身体对酒精的吸收。

第44篇

不吃亲家，吃冤家

大年三十，**一毛不拔**的方老板想帮员工加菜，借此消除他们**年深日久**因薪资过低所滋生的怨气。但是他又不想多花钱，便去问员工们爱吃什么。一个员工说：“**粗茶淡饭**是亲家，鱼肉荤（hūn）腥是冤家。”方老板听了，**喜眉笑眼**。开饭了，方老板把鸡、鸭、鱼、肉摆了好几碗，素菜只烧了一大碗青菜。谁知道，员工们大吃荤菜，青菜一点也不碰。方老板急了，**愁眉苦脸**地问：“你们不是说鱼肉荤腥是冤家吗？”员工**怡然自足**地回答：“是呀，不吃冤家，难道吃亲家不成？”

成语意思猜一猜

1. ________：由于忧愁而双眉紧锁，脸色愁苦。形容愁容满面。
2. ________：简单粗劣的饮食。形容生活简朴、清苦。
3. ________：形容极端自私吝啬。
4. ________：形容高兴而满足的样子。
5. ________：形容面带笑容、十分高兴的样子。
6. ________：经历过很长的一段时间。

成语运用 猜一猜

1. 爷爷在山上过着________________、躬耕（gōng gēng）自食的生活，身体反而变得十分健朗。
2. 听闻矿难频发，煤矿工人________________，担心不幸会落到自己身上。
3. 姐姐迁居到风景优美的奥地利，过着______________的生活。
4. 这座房子________________没人居住，院内杂草丛生。
5. 巴尔扎克笔下的葛朗台是个________________的资本家。
6. 新郎和新娘站在楼下迎接贵宾，______________，春风满面。

成语万事通

"一毛不拔"的故事

战国时期，有个人叫杨朱，他反对墨子的"兼爱非攻"思想，认为人应该爱护自己，以个人生命为重，反对人与人之间的掠夺与奉献。有一次，墨子的一个学生问杨朱："如果拔根汗毛就能使天下百姓得到帮助，你愿意吗？"杨朱**避重就轻**地说："你的假设没有意义。拔根汗毛绝对不会给天下人带来什么好处的。"墨子的弟子坚持说："如果能，你愿意吗？"杨朱沉默了许久，没有回答。这事传到孟子的耳朵里，孟子感叹地说："杨朱崇尚'为我'，怎会愿意拔自己的汗毛为别人谋福利呢？墨子的主张与他相反，只要能对天下人有所帮助，他拔光头发，磨破脚掌，也在所不辞。"

第45篇

绝对没有鳄鱼

佛罗里达迷人的海滩和**碧海青天**的景色，对来自**天寒地冻**地区的小珍而言显得格外优美。这一天，小珍兴冲冲地准备去游泳，她问导游：“你肯定这里没有鳄鱼吗？”“没有，没有，”导游笑着回答，“这里绝对没有鳄鱼。”小珍终于放下**担惊受怕**的心，跳进海里，**放意肆志**地游了起来。不久，她又问导游：“你怎么这么肯定没有鳄鱼呢？”导游**绵言细语**地解释说：“鳄鱼机灵得很，它怕这里的鲨鱼。”小珍一听，赶快爬上岸，心想：游个泳决不能游到**九泉之下**。

成语意思猜一猜

1.________________：提心吊胆，处于恐惧之中。

2.________________：指说话时声音柔和细微，使人容易接受。

3.________________：纵情而无所顾忌。

4.________________：人死后埋葬的地方，即在阴间。

5.________________：碧绿的海，湛蓝的天。形容水天一色，旷远无边。

6.________________：形容天气极为寒冷。

成语运用 猜一猜

1. 他说话向来是________，从不急躁。
2. 小林双手捧着博士学位证书来到墓地，告慰________的爷爷。
3. 哥哥抗洪抢险的这些日子，妈妈整天________，祈祷他平安回来。
4. 大家都暂时卸下工作重担，________地躺在这片草地上，享受下午宁静美好的时光。
5. 主帅察觉到此时________，环境恶劣，军队和战马不能久驻，就下达了班师回朝的命令。
6. 我们站在高岗上，眺望远处的________，白云朵朵，心情格外舒畅。

成语万事通

“九泉”的来历

人死后为什么是下九泉呢？其实九泉和黄泉一样，是地狱的别称。“九泉”这个词源自古代劳动者打井的经验。当人们掘到地下深处时，就会有泉源。地下水从黄土里渗出来，常常带有黄色，所以古人就把很深的地下叫“黄泉”。而“九”在单数中最大，有“极限”之意，于是就把“九”字和“泉”字相搭配，成为“九泉”。相关成语有**“含笑九泉”“含恨九泉”“九泉之下”**等。

第46篇

狗做家务

有一个家庭，人人都**拈**（niān）**轻怕重**，做什么事都**推三阻四**的。爸爸推给妈妈做，妈妈推给儿子做，儿子推给妹妹做，妹妹只好推给狗做。因此，家务事全让狗**一揽**（lǎn）**包收**了。

有一天，一个客人去拜访他们，发现狗正在擦玻璃，**大开眼界**，于是惊讶地发出赞叹声。那只狗冷冷地对客人说："不要这么**大惊小怪**啦！"客人一听狗会说话，更加**惊惶**（huáng）**失色**。狗急忙说："小声一点啦！万一主人知道我会说话，连电话都要叫我去接了！"

成语意思猜一猜

1.________________：形容对不足为奇的事过于惊诧和紧张。

2.________________：因害怕慌张而举止失常，不知所措。

3.________________：大大地扩展视野，增长见识。

4.________________：用各种借口推托、阻挠。

5.________________：全部承办，包揽一切。

6.________________：拣轻的担子挑，怕挑重担。

成语运用 猜一猜

1. 朝中传出君主驾崩的消息，大臣们都＿＿＿＿＿＿＿＿，不知怎么办才好。
2. 所有的家务事都由妈妈＿＿＿＿＿＿＿＿，不知不觉妈妈竟累出病来。
3. 该承担责任时，大家不能＿＿＿＿＿＿＿＿。
4. 蟑螂只是一种昆虫，没什么好＿＿＿＿＿＿＿＿的。
5. 他对工作不负责任，＿＿＿＿＿＿＿＿，所以毫无成就。
6. 这件手工艺品精雕细琢，巧夺天工，让人＿＿＿＿＿＿＿＿。

成语万事通

带有反义词的成语

含反义词的成语可以增加对比，有时可以起到警示作用。除了本篇所学的“**拈轻怕重**”“**大惊小怪**”之外，还有很多。反义词的位置也有所不一。含有一对反义词的成语比如：“**悲欢离合**”“**古今中外**”“**天南地北**”。1和2位是反义词的成语：“**生死攸关**”“**阴阳怪气**”“**进退维谷**”。1和3位是反义词的成语：“**来龙去脉**”“**南腔北调**”“**左思右想**”。2和4位是反义词的成语：“**承前启后**”“**经天纬地**”“**反败为胜**”。3和4位是反义词的成语：“**颠倒黑白**”“**混淆是非**”“**举足轻重**”。1和4位是反义词的成语：“**公而忘私**”“**死里逃生**”。

第47篇

洋娃娃坐出租车

夜深人静，一个出租车司机开车经过一片**荒郊旷野**，转个弯后，荒地里出现了一座**高耸**（sǒng）**入云**的大厦。司机停车，让路边招手的女士上车，女士**默默不语**，也不说要去哪里。他听到后座“砰”的一声，就踩油门开走了。

一分钟后，司机往后照镜一看，看到只有一个洋娃娃坐着，吓得他抓起洋娃娃就往窗外丢，回家后一直觉得四肢无力，**萎靡**（wěi mǐ）**不振**。休养了三个月，康复后，他回公司上班，同事说：“你开车开到**昏头搭**（dā）**脑**了？有位女士投诉说，上次要坐你的车，她才刚把洋娃娃丢进去，你就把车开走了。”

成语意思猜一猜

1.________________：形容精神不振，意志消沉。

2.________________：高高地直立，直入云端。形容建筑物、山峰等高峻挺拔。

3.________________：指人迹罕至、空旷荒凉的郊外。

4.________________：头脑昏沉糊涂。

5.________________：沉默着不说一句话。

6.______________：深夜没有人声，非常寂静。

成语运用 猜一猜

1. 红军战士翻越了______________的雪山，又跋涉了渺无人烟的草原。
2. 我们应该扫除这里的______________之风，好好地大干一场。
3. 看到同学被人欺负，我们绝不可以______________，要挺身相救。
4. 父亲最近总是______________的，大白天躺在床上昏昏欲睡。
5. 月亮升起来了，群鸟眠宿枝头，正是______________之时。
6. 为了训练大家的胆量，排长决定在______________埋锅造饭。

成语万事通

疑心病

看见别人小声交谈，就以为在议论自己，这种没有根据就怀疑他人的心态，叫作疑心病。疑心病较重的人，整天心烦气躁、四肢无力，浑身都不对劲，就连睡觉也不安稳。旁人的一句话、一个眼神、一个动作，都会被他过度解读，心里开始怀疑东、怀疑西，脑中产生过多的联想，变得焦躁不安。心理学家建议人们在日常生活中，要加强积极的自我暗示，也就是适度的自我感觉良好，这样就比较不容易产生疑心病了。

第48篇

谁最听话？

一天，老李带同事回家吃饭，远远就听到四个孩子在家门口**畅叫扬疾**，其中一个孩子竟然**撒泼打滚**，李太太焦急地在一旁吼叫。她一见到老李，便高兴地说："你总算回来了。"同事以为孩子们都怕老李，心想："孩子们一见到老李应该就会**令行禁止**了吧！"没想到李太太接着说："家中只有你最听我的话。乖，快去帮我买一包盐！"同事放声大笑，说："老李啊，你**晨炊**（chuī）**星饭**，回家后还得（děi）出去跑腿，真是一位**任劳任怨**的好丈夫呀！"

成语意思猜一猜

1.______________：指不辞劳苦，不怕别人埋怨。

2.______________：嘴里骂着泼辣的话，躺倒在地上打滚。

3.______________：形容早出晚归，终日辛勤劳苦。

4.______________：下令行动就立即行动，下令停止就立即停止。形容法令严正，执行认真。

5.______________：大吵大闹。"畅叫"即唱叫，吵闹之意。"扬疾"即嚷唧，亦吵闹之意。

成语运用 猜一猜

1. 王阿姨一心扑在工作上，对待客户________，深得主管欣赏。
2. 小男孩被爷爷宠坏了，只要一不满足他的要求，就立刻________，不达目的不罢休。
3. 终于考完试了，憋了两天的考生们冲到歌舞厅________，都快把楼震塌了。
4. 有的摊贩为了生计，终日________，可还是收入微薄，甚至难以养家糊口。
5. 这所学校拥有严谨的治校风格和良好的校风校纪，全校学生对校规校纪________。

成语万事通

巧妙的肢体语言

人们沟通的方式不止于口语表达，更重要的讯（xùn）息来自肢体语言，通过头、眼、颈、手、脚不同的姿态来表情达意。肢体语言很自然地呈现出每个人内在的情绪，如开心时，会忍不住鼓掌；生气时，会不自觉地捶胸顿足；紧张时，会不停地搓（cuō）手或颤（chàn）抖；沮丧时，头部和双肩会下垂。当我们与人谈话时，除了要用心听出话语中的本意之外，也要懂得观察对方的肢体语言，才不会表错情、说错话，甚至引起对方的误解。

成语笑话创作台

参考答案

第1篇
一、金风送爽　如愿以偿　未雨绸缪　皱眉蹙眼　沉思默想　转瞬即逝
二、金风送爽　沉思默想　如愿以偿　未雨绸缪　皱眉蹙眼　转瞬即逝

第2篇
一、处之泰然　满腔怒火　飞来横祸　信口雌黄　瓜熟蒂落　咬牙切齿
二、信口雌黄　满腔怒火　咬牙切齿　飞来横祸　处之泰然　瓜熟蒂落

第3篇
一、喉焦唇干　精疲力竭　大惊失色　顽固不化　药到病除　黔驴技穷
二、药到病除　顽固不化　精疲力竭　黔驴技穷　大惊失色　喉焦唇干

第4篇
一、朝督暮责　汗如雨下　如火如荼　一如既往　刻骨铭心　大汗淋漓
二、一如既往　如火如荼　刻骨铭心　大汗淋漓　朝督暮责　汗如雨下

第5篇
一、昏昏沉沉　直截了当　热情洋溢　动人心魄　意犹未尽　抱恨终身　眉飞色舞
二、直截了当　昏昏沉沉　意犹未尽　抱恨终身　动人心魄　热情洋溢　眉飞色舞

第6篇
一、发愤图强　一掷千金　环堵萧然　锦衣玉食　立锥之地　满腹狐疑
二、立锥之地　一掷千金　锦衣玉食　环堵萧然　发愤图强　满腹狐疑

第7篇
一、义正词严　同窗契友　嫣然一笑　言而无信　走投无路　臭名昭彰　开门见山
二、嫣然一笑　言而无信　走投无路　臭名昭彰　同窗契友　义正词严　开门见山

第8篇	一、猝不及防	气定神闲	斑驳陆离	局踏不安	半信半疑	臭不可闻
	二、气定神闲	猝不及防	局踏不安	斑驳陆离	臭不可闻	半信半疑
第9篇	一、轻歌曼舞	心慌意乱	落落大方	无所事事	寸阴若岁	倾耳拭目
	二、倾耳拭目	寸阴若岁	轻歌曼舞	落落大方	心慌意乱	无所事事
第10篇	一、别有用心	朝思暮想	唇枪舌剑	自我解嘲	出师不利	不甘示弱
	二、出师不利	唇枪舌剑	朝思暮想	自我解嘲	别有用心	不甘示弱
第11篇	一、竭泽而渔	非同寻常	危急存亡	劈头盖脸	忧国忧民	刻不容缓
	二、刻不容缓	劈头盖脸	忧国忧民	危急存亡	非同寻常	竭泽而渔
第12篇	一、翻山越岭	踉踉跄跄	恩同父母	点头称善	穷乡僻壤	排除万难
	二、点头称善	踉踉跄跄	排除万难	恩同父母	翻山越岭	穷乡僻壤
第13篇	一、膘肥体壮	炯炯有神	心虔志诚	慨然允诺	意在笔前	一挥而就
	二、心虔志诚	慨然允诺	膘肥体壮	炯炯有神	一挥而就	意在笔前
第14篇	一、莺声燕语	呆头呆脑	温柔敦厚	回眸一笑	而立之年	芬芳馥郁
	二、芬芳馥郁	而立之年	呆头呆脑	莺声燕语	回眸一笑	温柔敦厚
第15篇	一、咆哮如雷	不可捉摸	汗颜无地	目不斜视	食不甘味	不务正业
	二、汗颜无地	咆哮如雷	目不斜视	不可捉摸	不务正业	食不甘味
第16篇	一、釜底抽薪	锦囊妙计	痛不欲生	出类拔萃	榜上无名	耿耿于怀
	二、痛不欲生	釜底抽薪	锦囊妙计	出类拔萃	耿耿于怀	榜上无名
第17篇	一、鸡毛蒜皮	并肩作战	欢喜冤家	粗枝大叶	霁风朗月	
	二、鸡毛蒜皮	欢喜冤家	粗枝大叶	并肩作战	霁风朗月	
第18篇	一、破涕为笑	惊诧莫名	明察秋毫	天昏地暗	失魂丧魄	初来乍到
	二、失魂丧魄	天昏地暗	破涕为笑	惊诧莫名	初来乍到	明察秋毫
第19篇	一、嗜痂成癖	山珍海味	逐臭之夫	特立独行	谆谆善诱	痛改前非

大相径庭　风驰电掣

二、谆谆善诱　逐臭之夫　特立独行　痛改前非　山珍海味　大相径庭　风驰电掣　嗜痂成癖

第20篇　一、勉为其难　痛彻心腑　追悔莫及　心不在焉　水泄不通　欣喜雀跃　言不由衷

二、水泄不通　欣喜雀跃　痛彻心腑　心不在焉　勉为其难　言不由衷　追悔莫及

第21篇　一、悲喜交集　愁肠百结　每况愈下　身心交瘁　彻首彻尾　源源不绝

二、彻首彻尾　每况愈下　身心交瘁　源源不绝　悲喜交集　愁肠百结

第22篇　一、音声如钟　精神矍铄　目光如炬　风尘仆仆　黄口小儿　遂心如意

二、风尘仆仆　黄口小儿　遂心如意　音声如钟　精神矍铄　目光如炬

第23篇　一、运筹帷幄　开诚布公　判若霄壤　破釜沉舟　生龙活虎　出谋划策　三眼一板　木讷寡言　事后诸葛亮

二、运筹帷幄　事后诸葛亮　生龙活虎　破釜沉舟　开诚布公　判若霄壤　出谋划策　三眼一板　木讷寡言

第24篇　一、貌不惊人　情不自禁　抚掌大笑　五短身材　不可思议　身强力壮　风度翩翩

二、身强力壮　抚掌大笑　五短身材　情不自禁　风度翩翩　貌不惊人　不可思议

第25篇　一、吃苦耐劳　一误再误　初出茅庐　忙中有失　凤毛麟角　敷衍了事

二、凤毛麟角　忙中有失　一误再误　初出茅庐　敷衍了事　吃苦耐劳

第26篇　一、费尽心机　无伤大雅　无奈我何　好说歹说　不足为奇　一箭之遥

二、无伤大雅　一箭之遥　好说歹说　不足为奇　无奈我何　费尽心机

第27篇 一、屁滚尿流　东差西误　破口大骂　理所当然　走马之任　颖悟绝伦

二、颖悟绝伦　理所当然　屁滚尿流　破口大骂　东差西误　走马之任

第28篇 一、悄然无声　行思坐想　纹风不动　偎慵堕懒　信步而行　昏昏欲睡　偷懒耍滑　一本正经

二、行思坐想　纹风不动　信步而行　昏昏欲睡　悄然无声　偷懒耍滑　一本正经　偎慵堕懒

第29篇 一、调嘴弄舌　引人入胜　精益求精　驾轻就熟　言之有理　差强人意

二、精益求精　调嘴弄舌　引人入胜　言之有理　驾轻就熟　差强人意

第30篇 一、与世长辞　难以为情　心如金石　直言正色　忐忑不安　负笈担簦　皇天不负有心人

二、负笈担簦　心如金石　直言正色　难以为情　与世长辞　忐忑不安　皇天不负有心人

第31篇 一、白丁俗客　茫然费解　恍然大悟　始料未及　不期而遇　潜移默化

二、恍然大悟　白丁俗客　始料未及　不期而遇　潜移默化　茫然费解

第32篇 一、疾声大呼　后会有期　巴巴劫劫　满腹疑团　目瞪口呆　千伶百俐

二、后会有期　疾声大呼　满腹疑团　目瞪口呆　千伶百俐　巴巴劫劫

第33篇 一、爱莫能助　急不可待　拼死拼活　热火朝天　生夺硬抢　堆金积玉

二、拼死拼活　爱莫能助　热火朝天　生夺硬抢　堆金积玉　急不可待

第34篇 一、陶然自得　自吹自擂　怅然若失　空无一物　努筋拔力　翼翼飞鸾

二、自吹自擂　空无一物　陶然自得　努筋拔力　翼翼飞鸾　怅然若失

第35篇 一、一头雾水　舌敝唇焦　有口难言　全神贯注　健步如飞　滔滔不绝

二、健步如飞　全神贯注　一头雾水　舌敝唇焦　滔滔不绝　有口难言

第36篇 一、大摇大摆　摸头不着　探头探脑　欺天罔地　贼眉鼠眼

二、探头探脑　大摇大摆　摸头不着　贼眉鼠眼　欺天罔地

第37篇　一、不计其数　掉以轻心　天愁地惨　百拙千丑　谨小慎微　断守终生

二、百拙千丑　不计其数　谨小慎微　天愁地惨　断守终生　掉以轻心

第38篇　一、学识渊博　温文尔雅　笨嘴拙舌　知书达理　强文假醋　心向往之　哭笑不得　彬彬有礼

二、笨嘴拙舌　学识渊博　温文尔雅　心向往之　强文假醋　知书达理　彬彬有礼　哭笑不得

第39篇　一、死眉瞪眼　甘拜下风　怒从心生　贯微洞密　不遗余力　载沉载浮

二、甘拜下风　怒从心生　死眉瞪眼　载沉载浮　贯微洞密　不遗余力

第40篇　一、阔步高谈　聚精会神　如醉如痴　喜不自禁　三番五次

二、三番五次　阔步高谈　聚精会神　如醉如痴　喜不自禁

第41篇　一、无以复加　如梦初醒　钳口结舌　吆五喝六　惟精惟一　好逸恶劳　千里迢迢　默不作声

二、如梦初醒　无以复加　吆五喝六　惟精惟一　好逸恶劳　钳口结舌　默不作声　千里迢迢

第42篇　一、忍气吞声　胆战心惊　怒目而视　惊神破胆　切齿痛恨　风餐露宿　愤愤不平

二、惊神破胆　怒目而视　胆战心惊　忍气吞声　风餐露宿　愤愤不平　切齿痛恨

第43篇　一、勃然大怒　大肆咆哮　屏声敛气　口出不逊　酩酊大醉　大吃一惊　迎来送往

二、口出不逊　酩酊大醉　勃然大怒　大肆咆哮　迎来送往　屏声敛气　大吃一惊

第44篇 一、愁眉苦脸 粗茶淡饭 一毛不拔 怡然自足 喜眉笑眼 年深日久

二、粗茶淡饭 愁眉苦脸 怡然自足 年深日久 一毛不拔 喜眉笑眼

第45篇 一、担惊受怕 绵言细语 放意肆志 九泉之下 碧海青天 天寒地冻

二、绵言细语 九泉之下 担惊受怕 放意肆志 天寒地冻 碧海青天

第46篇 一、大惊小怪 惊惶失色 大开眼界 推三阻四 一揽包收 拈轻怕重

二、惊惶失色 一揽包收 推三阻四 大惊小怪 拈轻怕重 大开眼界

第47篇 一、萎靡不振 高耸入云 荒郊旷野 昏头搭脑 默默不语 夜深人静

二、高耸入云 萎靡不振 默默不语 昏头搭脑 夜深人静 荒郊旷野

第48篇 一、任劳任怨 撒泼打滚 晨炊星饭 令行禁止 畅叫扬疾

二、任劳任怨 撒泼打滚 畅叫扬疾 晨炊星饭 令行禁止

学生习作

&

动动脑筋

1

抄错了小抄

夏雨是个大马虎，经常考 0 分。有一次，爸爸许诺夏雨如果考了 100 分就带他去游乐场玩。为了这个目标，夏雨突发奇想，准备了一个万无一失的对策。打好如意算盘后，便提前做好了各种小抄。

考完试，老师怒气冲冲地在夏雨的试卷上写道：请家长到学校面谈！夏雨还以为这次自己终于有了前所未有的改变，脑中不自觉地浮现出去游乐场游玩的场景。

爸爸看了试卷之后，气得七窍生烟，责问小夏雨为什么考成这样！夏雨却不以为然地说：“我所有的题都做了，应该得满分的啊！”结果一看才知道，考语文的时候，他一马虎抄成了数学小抄。

指导老师：刘维丽　　（山东省淄博市高新区第三小学　王飘雪）

2

望子成龙

邻居都说，龙龙妈是整个小区最望子成龙的妈妈。一天，龙龙妈想考龙龙一些知识，便笑容满面地问：“龙龙，你知道地球上的七大洲吗？”龙龙抓耳挠腮，冥思苦想，然后说：“妈妈，我知道四大‘粥’。”龙龙妈心中窃喜，认为儿子还不错，接着说：“那说说你知道的四大洲。”龙龙开始掰着手指说：“皮蛋粥、海鲜粥、瘦肉粥和青菜粥！”龙龙妈一听火冒三丈。

她很快又平静了下来，接着问龙龙下一个问题：“那你知道五大洋吗？”龙龙不假思索地说：“这个简单，我早就知道了！五大‘羊’是喜羊羊、美羊羊、懒羊羊、沸羊羊和暖羊羊！”龙龙妈这回更怒不可遏了。

指导老师：胡小美

（江西科技学院附属小学 宗子涵）

3

盲人与醉汉

一个喝得酩酊大醉的醉汉看到一个骨瘦如柴的盲人在街边乞讨，于是慷慨解囊，随手给了一张百元大钞便走了。醉汉走了几步，回头看到那个盲人正拿着百元大钞对着天空验钞。于是，他怒气冲冲地回去找盲人算账，盲人赶紧说道：“刚刚那个乞讨的盲人上厕所去了，我是他的朋友，其实我是个哑巴！”

醉汉听后点了点头，若无其事地走了。

指导老师：张秀红

（四川省成都市成华小学 张卓然）

4

吹　牛

一天，有一头牛溺水了，小尧对小刚说：“这头牛危在旦夕，我们不能见死不救，当务之急是赶快给它做‘人工呼吸’！”

小刚说：“你别信口开河了，人怎么能给牛做‘人工呼吸’呢？再说妈妈教导过我：不能吹牛！”

指导老师：张秀红

（四川省成都市成华小学 姜博文）

5

谁发现的

一天，在地理课上，大家都在专心致志地听老师讲课，唯独小明和小亮漫不经心的。当老师发现他们在走神时，气得火冒三丈。小亮被老师叫了起来，让小亮在地图上指出美洲大陆在哪儿，这对于小亮来说，简直就是小菜一碟。小亮指对后，老师说:“小明,请问美洲大陆是谁发现的？”“老师,是小亮发现的。”这句话引得全班哄堂大笑，小明面红耳赤，不好意思地笑了。

指导老师：张秀红

（四川省成都市成华小学 谢欣彤）

6

走不动

一次外出游玩，妹妹累了，说:“我饿了，走不动，我要抱抱！”爸爸看了看饥肠辘辘的妹妹，便说:“那我们就去饱餐一顿吧。”于是我们找了一家餐厅大快朵颐。吃完后我们满足地拍拍肚子继续前行,可没走多久,妹妹有气无力的,又喊起累来。

妹妹要爸爸背她。爸爸说:“你刚才不是讲肚子饿了，才走不动的吗? 现在饭吃饱了，怎么还是寸步难行啊? 你是不是又要耍赖呀? ”

妹妹回答:“唉……爸爸，刚才我饭吃多了，身体重，压脚。”

指导老师：徐蓉

（江西科技学院附属小学 邹一鸣）

7

空欢喜一场

一天，小宋买了张彩票。开奖当天，他在家里来来回回地踱着，忐忑不安地等着开奖，一不小心，一脚踩在平底锅上，向前倒下，幸好倒下时有东西垫着，有惊无险。“1764725”，中奖号码出来了，小宋以为自己中大奖了，心花怒放。结果他摸出彩票仔细一看，怎么变成“1764125”了？原来那只是个油渍，真是空欢喜一场。

指导老师：张秀红

（四川省成都市成华小学 赵仁杰）

8

足球高手

小赵的球技可好了，射门百发百中。可这一次，小赵算是出尽洋相了。这一天，小赵和队友们来到一个四面都是高楼大厦的地方。比赛开始了，小赵想要炫耀一下，将足球踢得老高，突然听到“砰”的一声，大伙齐齐将头转过去，只见一栋楼的一块玻璃七零八落。这时还冒出一个声如洪钟的声音：“是谁打碎了我家的玻璃？给我滚出来！”小赵听了，无地自容地低下了头。

指导老师：张秀红

（四川省成都市成华小学 郑骁函）

9

买西瓜

在火伞高张的一天，小天兴高采烈地到小强那去买西瓜。小天问:“西瓜多少钱一个？”小强说:“四块。”“啊！十块呀？”“不不不，不是十块而是四块。”小天感到莫名其妙，说:“怎么又变成二十四块了？”“不是二十四块，就是四块！”小天勃然大怒:“怎么又变成九十四块了？”“我不卖了！”“我也不买了！”

指导老师：张秀红

（四川省成都市成华小学　罗庚霖）

10

抓小偷

这段时间，王二和李四总是神神秘秘地聚在一起交头接耳，不知道他们要搞什么事。果然，在一个月黑风高的晚上，在果园边上，他们左顾右盼、小心翼翼地潜入果园里，身手敏捷地摘下一个个桃子放入袋子。直到袋子都装不下了，他们才心满意足、恋恋不舍地往田边走去。正准备溜之大吉，忽然一道强光直照过来，他们呆若木鸡，耳边响起“抓小偷……”的喊叫声，震耳欲聋……

指导老师：张秀红

（四川省成都市成华小学　张天骋）

将来的职业

一天，几个美国小学生在教室里讨论自己将来的职业。

汤姆是知名球星的儿子，他说："我要成为一名球星，在球场上纵横驰骋、所向无敌。"歌唱家的儿子杰克脱口而出："我要当家财万贯的歌星！"而军官的儿子杰森，想到父亲拿枪时的威风凛凛，不假思索地说："我要当一名军人！"

正当大家讨论得热火朝天的时候，一向好吃懒做、游手好闲的吉米喃喃自语道："其实我长大了什么都不想干，我只想过悠闲自在的日子，天天坐车兜风，口袋里还要装满钞票。要有这样的职业就好了。"

"哈哈！有啊！"同学们异口同声地说，"公共汽车售票员。"

指导老师：胡小美

（江西科技学院附属小学 杨奥临）

动动脑筋

动动脑一 成语小词典

仔细看图，写出图画里藏着的成语。

 入  口

（　　　　）

妙  生 

（　　　　）

 尽  藏

（　　　　）

锦  玉 

（　　　　）

 弓  影

（　　　　）

披  戴 

（　　　　）

动动脑二 填数字拼成语

请在方框内填上合适的数字，将成语补充完整。

	依		顺
	筹	莫	展
	叮		嘱

判	若		人
	窍	生	烟
	线	生	机

命	悬		线
不	可		世
错	误		出

退	避		舍
	命	呜	呼
	擒		纵

长	命		岁
	言	不	合
	折		扣

大		咆	哮
推		阻	
	泉	之	下

	载	寒	窗
功	亏		篑
	更	半	夜

	般	无	奈
丢		落	
	掷		金

	番		次
吆		喝	
	里	迢	迢

	面		方
回	眸		笑
	短	身	材

动动脑三 成语动物园

请将下面的字跟空白处连起来，组成成语。

亡○补牢

○鸣狗盗

钻○角尖

○口逃生

守株待○

望子成○

气喘如○

沐○而冠

黔○技穷

招○引○

龙 羊

牛 虎 猴

鸡 蜂 驴

蝶 兔

悬崖勒○

○声燕语

画○添足

满腹○疑

贼眉○眼

○毛蒜皮

指○为○

如○得水

○狈为奸

盲人摸○

鸡 鹿

马 蛇 鱼

莺 鼠 象

狐 狼

动动脑四 成语小天平

请找出与天平左边意思相近的成语写在天平右边。

屈指可数	不怀好意	超群绝伦	迫在眉睫
目不转睛	精雕细琢	针锋相对	余味无穷

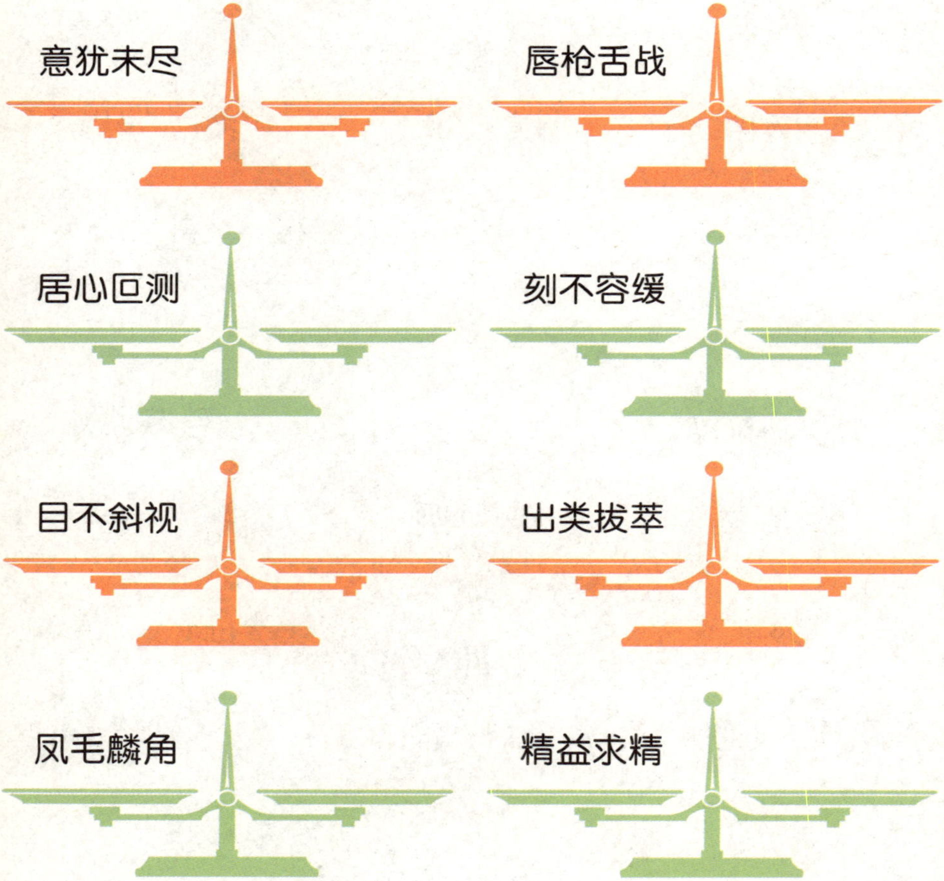

动动脑五　小蜜蜂采蜜

小蜜蜂都采了哪些颜色的花？请把成语补充完整，再涂上相应颜色。

（　）装素裹　　（　）梅竹马

（　）袍加身　　（　）黄不接

起早摸（　）　　（　）胆忠心

（　）头到老　　（　）山绿水

动动脑六 成语故事会

请将成语与相应人物连线。

- 未雨绸缪
- 卧薪尝胆
- 锦囊妙计
- 破釜沉舟
- 黄粱美梦
- 梦笔生花
- 多多益善
- 望梅止渴

- 勾　践
- 周　公
- 项　羽
- 诸葛亮
- 曹　操
- 卢　生
- 李　白
- 韩　信

扫一扫，

快来查看动动脑筋参考答案吧！

动动脑筋，快来和大家
分享一下你学成语的好法子吧！

星级评价表

单元	篇目	流畅朗读笑话 ★	看着笑话口述两个“猜一猜”练习 ★★	看着答案中的成语创造性复述笑话 ★★★	用篇目中所学成语创作笑话 ★★★★
第一单元	第 1—4 篇				
	第 5—8 篇				
第二单元	第 9—12 篇				
	第 13—16 篇				
第三单元	第 17—20 篇				
	第 21—24 篇				
第四单元	第 25—28 篇				
	第 29—32 篇				
第五单元	第 33—36 篇				
	第 37—40 篇				
第六单元	第 41—44 篇				
	第 45—48 篇				